妻に龍《りゅう》が付きまして…

小野寺S一貴［著］

東邦出版

プロローグ

「神様なんだから、一生懸命お願いすれば叶えてくれるだろう」

僕はずっとそう思っていました。困ったことが起きれば、心のなかで「神様なんとかしてくれよ」「神様なんだろ」と必死に願っていました。だけど問題は解決しない。人間関係・仕事（収入）の問題・家庭の問題、そしてなにより妻の身体のこと……いつまでも変わらないままでした。有名な先生にも相談しました。「自分勝手を直しなさい」と言われても、なにが自分勝手なのかがわからない。「具体的に行動を変える、心の在り方を変えるとよい」と言われても、さっぱりわかりませんでした。妻との会話も減り、僕の心はどんどん固く縮こまっていきました。なんとかしなければ。

そんなとき、妻の元に突然現れた龍神。毎日の生活のなかでどうすればよいかを龍神が教えてくれたのです。龍神の教えを実行すると、不思議なことに心が変わっていきました。幸せを感じられる心に変わっていったのです。次第に家族の仲が良くなり、友人が増え、その縁によって大きな仕事もどんどん舞い込んでくるようになりました。もちろん妻との仲も改善しました。そして妻の身体も……。

龍神は言いました。これはだれにでもできて、だれにでも起きることだと。

では、龍神は幸せをただ運んでくる存在なのでしょうか？　それはちょっと違います。そもそも幸せってなんでしょう？

結婚したい、お金持ちになりたい、有名になりたい。幸せの定義は人それぞれです。なかには、3食食べられればそれで十分幸せという人だっているでしょう。

龍神はその人その人の本当の願いを叶えてくれる存在です。言わば、あなたの願いを完全サポートしてくれます。

でも、意外と自分の願いを正しく伝えられていない人が多いのです。昔の僕たちのように（笑）。ですから、僕たちが龍神から叩き込まれた「龍神に願いを伝える術」をお伝えしたいと思います。龍神の教えを意識すれば、これまでうまくいかなかったことがうまくいき、ビックリするような幸運が降ってくるようになります。

さあ、あなたの本当の願いはなんですか？

目次

第2章 龍神を信じ、頼ってきた日本人

第5章 龍神に好かれる人、嫌われる人

第6章 龍神が魅了される日本人の心性 201

本書の登場人物

◇小野寺S一貴（タカ）

元エンジニアで物事を論理的に考える堅物《かたぶつ》。古事記のうんちくを語らせたら天下一品。子供のときのある出来事がきっかけで神様や守護霊の存在を信じて疑わなくなった。見えているのにそれを信じない妻をいちいち説得するのが大変。ただし、龍神の声は聞こえないので妻を介して話をする。

◇ワカ

タカの妻。子供のころから見えない世界が見えたりわかったりする体質だったが、それが特別なことだとは気づかずに過ごし、言い当てた出来事もすべて無理やり「偶然」「錯覚」で片づけてしまっていた。40歳の春に龍神ガガとの対面を果たし、初めてそれが偶然ではなかったことを知る。夫と龍神たちとの会話はすべてワカの通訳で成り立っている。

◇**龍神ガガ**

ワカを子供のころより守っていた龍神。「守っているヤツの格が下がると我《われ》の格まで疑われる」と、ワカの指導に力を入れに現れた。「龍神は太鼓の音が大好きなのだ」とは言うものの、自分は「007　ロシアより愛をこめて」のテーマ曲が大好きで、ワカに曲をかけさせてはひとり聞き惚れている。しゃべるときになぜか語尾に「〜だがね」が付く（名古屋弁?･）。自尊感情が強く、おだてには乗りやすい。

◇**黒龍**

ガガによってタカとコンビを組むことになった龍神。頭が固く、ほかの龍神と馴染めずにひとりよがりで、身体も真っ黒になってしまった落ちこぼれの龍神。真っ当な龍神になるためにタカと共に頑張っている。

STAFF
編集／稲垣麻由美（一凜堂）
協力／小野寺S和香子（TEAM 梵）
／NPO法人企画のたまご屋さん
カバーデザイン・イラスト／渡川光二
制作／シーロック出版社

第1章

〝龍神とコンビ成立〟で、あなたの可能性は無限大

龍神、突然現る！

それは２０１６年3月のある日。すべては妻のワカが聞いた「声」から始まりました。

夜明け前でした。隣で妻がワーワーだれかとしゃべっているではありませんか。妻の不思議な体質は知っていましたから、「またなにかあったんだろう」くらいにしか、そのときは思いませんでした。でも、まさかそれが僕たちのその後を大きく変えることになるとは……。

ここからはそのときの様子を妻の話を元に再現ドラマ風に描いてみたいと思います。

何者かの声で目を覚ました妻、ワカ。なにかが聞こえる。独り言？　もうひとりの私の声ってヤツ？　もしそうなら私ちょっとヤバい人だから。マジやめて！　しかも、

「……に会いに行け」

肝心なところが聞き取れない。でもなんとなく聞き取れるのは、トワダとかリュージンとかいう言葉。十和田？　龍神？

「十和田の龍神に会いに行け」

「だ、だだ、だれ、あなたは⁉」

「我かね？　おまえをずーっと守っとる龍神だがね。わからないなんてツレナイじゃないかね」

なに？　なんなの？　龍神ってなに？　ドラゴンボール？　日本昔話？　ラーメンの丼？　大パニック！　それでも続く謎の声。

「バカだね。耳ふさいだって無駄だよ。我はいま、おまえの想念と話してるのだから」

「ソ、ソーメン？」

「ブハっ、おまえはバカで面白いがね。ソーメンではなく想念だ。耳で聞いているのではない。この世の植物や動物は想念によって気持ちを伝えているのだ。おまえもいま、その想念トーク組のなかにいるのだよ。これまでも話していたではないかね。おまえが我の声を聞き取れていたかは別にして」

「？？？」

吹き出す汗。混乱する頭。一体なにがどうなってるの？　たしかに私はそういう体質。先祖代々続く、まぁその、そういうイロイロとわかる家系だけど、私は嫌だったのだ。科学が発達したこの21世紀に見えない世界があるなんて、なんだか認めたくない。私にわかるいろんなことはきっと偶然なのだ。うん、私は迷信など信じない徹底したリアリスト（でいたい）。不思議なことを相手にすると傷つくことが多すぎる。そう、あのときだって……。

近所のおばさんが亡くなるとわかったとき、「おばさん死んじゃう」と周りを途方に暮れさせ、それで終わればよかったものの、実際に私が予言した日におばさんが朝起きないまま帰らぬ人になったのは、もはや冗談では済まなかった。

私は進んで自分の考えを人に話さなくなった。考えというより「なぜかわかってしまうこと」をだ。そんな霊的なことや、いまで言うスピリチュアルなことは自分には関係ない。もしもまた心にあの「予言」が降ってきても、決してだれにも話すまい。変な子、怖い子と思われる。嫌だ、私は嫌われたくないとずっと自分の感覚にふたをしてきた。しかし、そんな私の気持ちとは裏腹に頭のなかに響いてくる龍神さんらしき謎の声……。リアリスト代表として、ここはきちんと話をつけなければいけない。

「あの〜、龍神様ですか？　私、一体なにが起きているのかチンプンカンプンなんですが、詳しくお聞かせ願えますでしょうか？」

「まあ、よかろう。まず我はおまえの守護をしている龍神だ。長年おまえに話しかけながら過ごしてきたが、やっと我の想念を受け取ったな。意思疎通ができるようになったのだから、これからはどんどん話をしようじゃないかね」

（いやいや。そんな勝手に話を進められても困るんだけど……）

「それにいま、我を呼んだのはほかでもない、おまえ自身なのだ。我は呼ばれたから来ただけのことだがね。おまえ、どうしても解決したいことがあって昨日、神頼みしただろ？」

「うっ……。し、した、しました。もしかして、神頼み聞いてくれるんですか？　マジ？　ラッキー！」

「バカ言うでない。我は素直じゃないおまえを鍛えに来ただけだがね。せっかく神様がおまえの御膳立てをしてやったときも、おまえは感謝のひとつもせん。全部自分の手柄だと思っている。目に見えない後押しがあって、いまのおまえがあるのだよ。少しは見えないものに敬意を払って感謝したらどうかね、ブツブツ」

「ご、ごめんなさい。でも、ちゃんと感謝してます。最近も神社に行ったし、柏手《かしわで》打って手を合わせました。お賽銭《さいせん》だってケチらないで結構投入してるんですよ。あ、もしかして足りませんでした？お賽銭」
「バカモン！　賽銭の額は置いといて、一体なんだね、あのお参りの仕方は。建て前ばかりで心が込もっとらんではないか。ご利益くれくればかりで、我はおまえを守っている身として恥ずかしいがね。穴があったら入りたいがね。神社の神様には、なんてヒドイと言われるし、それになんだね、おまえたち夫婦のナリは。神社は聖域だ。少しは相手に対して敬意を払ったらどうかね！」

「それはそれは、どうも失礼しました」

神社に行くときの敬意って、なんですか？　服装なんて関係ないでしょ。心のなかでのささやかな抵抗。だがしかし、龍神様の勢いは止まらない。

「このままだとおまえを守っている我のメンツにも関わる。だから、我はおまえを徹底的に教育し直しに来たのだ。おまえを一人前の神飯《かみめし》に鍛え上げるから覚悟するがね！」

「神飯？」

「読んで字のごとく、神様が食うメシのことだがね。神様はなにを糧《かて》にするか知っとるかね？」

「えっ？　神様ってご飯食べるんですか？」

「当然だがね。神様は人間の〝祈り〟と成長する〝魂〟を食べて腹を満たし、強く大きくなる。満腹になれば幸せを感じんかね？　するとその満腹を与えてくれた人間には褒美《ほうび》として幸運がやってくる。おまえ、神様からの褒美、欲しくないかね？」

馬の鼻にニンジン。おいしい話を振ってくる。でも、そう簡単にこんな話には……、

「欲しい欲しい。神様からのご褒美欲しいですぅ！」

ああ、風の前のちりのように軽い私のプライド。

「おまえ、変わり身が早すぎるがね。少しはプライドを持たんか」

「あ、やっぱり」

「まあ、いいがね。話は早いほうがよい。これから我の言うことを聞いて魂を磨け。覚悟はいいかね？」

「よろしくお願いします。ところで、ひとつ聞いていいですか？」

「なんだね？」

「ご褒美は欲しいですが、私が頑張ることで龍神様はなにか得するんですか？」

「ドキッ」

「あ、もしかして自分が守っている人間が成長すると、龍神様もレベルが上がって結果的に得する感じですか？　部下の成績アップが上司の手柄って感じの？」

「やかましい。大体、おまえのレベルが下がりすぎたから我の格も落とされたのだ。とにかく、徹底的におまえを鍛える。人間と神様はお互いに支え合わなければ成り立たない究極の相互関係にあるのだ。だから人間が衰退すれば神様も衰退してしまう。まずはそこから学んでいくがね」

「難しそうだなあ。私、勉強苦手だし」

「黙るがね。まずは十和田神社に行くのだ。そこで翁《おきな》の龍神に挨拶するがね、すぐに！」

「いや、すぐ行けって言われても私、車の免許持ってないし無理です」

「亭主がおるではないか！　わかったがね。こうなったらおまえらまとめて鍛えてやる。ツベコベ言わずに、すぐに行くがね」

あれ。声が聞こえない。おーい、龍神様。

お話、終わり？


と、これが桜前線上昇中の春の初めに起こった出来事。もしかしたら、寝ぼけていたのかもと言い張る妻でしたが、今回だけは、たとえそうでも実行しなければならないと思ったそうです。

とはいえ、神社なんてどこも一緒と思っている妻（あ、実は僕もそうだったけど）は、

「なんで私が十和田まで行かなきゃならんのだ～」

とブツブツ言っていました。でも、僕はちょっとワクワクでした。なぜなら彼女と結婚してから、こういうドタバタは日常茶飯事で、またなにか面白いことが始まりそうだと密かに期待していたんです。

おそらくこれは妻と付き合いのある人の共通した思いかもしれません。妻と関わると、どういうわけかみんな明るく楽しい気持ちになるんです。そして、なんだか人生も自然とうまくいくようになる。これも妻の「人を楽しませるのが趣味」という性格が及ぼすマジックかもしれません。

実はこれにはちゃんと理由があったのです。そして、これからお話する龍神の教えを実行すれば、だれでもこの体質は手に入れられます。でも、知らず知らずにそれを実行していた妻にとっては、なぜか人が相談に来ては自分の言った通りにすると物事が解決してしまうので、頼られる

ことばかり。逆に自分はだれも頼れなくなってしまい、それが子供のころからの悩みだったそうです。そして次第に、「ワカちゃんがすることは正しいから」とだれも自分を否定したり叱ってくれなくなり、それはいつしか、「だれも私を愛していないのでは?」「関心がないから間違ったことをしても叱ってくれないんじゃ?」という苦しさに変わっていきました。そう、なんと世の中とは逆のことで妻はずっと悩んでいたのです。僕からしたら贅沢な悩みに聞こえますが、本人は真剣です。

だから、「バカバカバーカ」とバッサバッサ切り捨てるスパルタ龍神との出会いが新鮮でうれしかったに違いありません。だってこれまでは、「きっと、白昼夢《はくちゅうむ》に決まってる」と無視をするのがセオリーだった妻が自分から動いたんですから。

こうして僕らの十和田への不思議な旅路が始まりました。

楽しく弾んだ魂が龍神の大好物

高速道路を飛ばしながらの車中。突然割り込んでくる龍神の声（とはいえ僕には聞こえないんだけど）

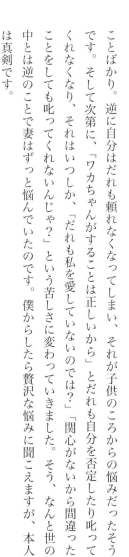

「遠いがね」

「そりゃ遠いよ」

「まだかい？」

「まだまだ」

「面倒だがね」

「はぁ!?　あんたが行けって言うからでしょ！」

「龍神は日本の端から端までひとっ飛びなのに、人間は面倒な生き物だがね」

早朝に仙台を出たのだが、まだまだ雪が残っていてスムーズなドライブとはいかない。文句を言いながらも賑やかな車中で妻が龍神に問いかけた。

「こないだ人間と神様は支え合うとか、人間の〝祈り〟と〝魂〟を食うとか言ってたけれど、あれどういうこと？」

「えっ。神様って絶対的な存在じゃないの？　人間が神様の食べ物になる？　どういうこと？」

「ふん。おまえら、全然わかっとらんな」

「もったいぶってないで教えてよ」

「まあ、慌てるな。ひとつひとつ話をするがね。まず、人間も神様も、もちろん龍神もみんなこの宇宙で共存している存在なのだよ」

「みんなこの世界に住んでるってこと？」

「さよう」

「でも見えませんよ。少なくとも僕には」

「私にも見えない。気配や声はわかるけど」

「我はおまえに付いている龍神、言わば共同体だからな。見えなくて当然だがね。自分の顔を見ることはできんだろ」

「げっ。私と共同体なの？　でもたしかにそういうのが見える人に『あなたの周りに白い龍のようなものが巻き付いてますね』って何度か言われたことはあるわ」

「龍みたいなものじゃないがね。我はれっきとした龍神だがね」

「で、その龍神様がなぜ僕たちのところに？」

「我々龍神や神様の世界、妖精や天使の世界、死んだ人間の世界がある。それに人間の世界だ。これらはすべて同じ宇宙という箱のなかで共存しておるのだ。もしそのひとつが弱ってくると、ほかの世界まで弱ってしまう。運命共同体なのだ。だから、ほかの世界が危なくなったらみんなで助け合わなきゃならんのだ」

「箱のなかのひとつのミカンが腐ると、ほかのミカンまで腐るみたいな？」

「さよう。そして人間の世界は神様の助けをもらって繁栄し、神様もそれに対する感謝の祈りで力をもらっていたのだ。つまりお互い支え合っているのだ」

「ふーん。で、龍神様が出てきたってことは、人間界が弱ってるってこと？」

「おまえ、話が早いじゃないか。我々龍神や神様の食料が減っておるのだ。その食料というのが人間の〝祈り〟や〝魂〟だ」

「マジで？　神様って人間の魂食っちゃうの？」

「心配することはないがね。食うと言ってもその人間が死ぬわけではない、むしろ運気が上がるのだよ」

「それならむしろ食べてほしいわ」

「どんな魂でもいいわけではないがね。成長する魂、楽しく弾んだ魂でなければならんのだ」

チャラーン♪　僕のスマホが鳴った。運転中の僕の代わりに妻が画面に目をやった。ニュースが画面に流れている。

「幼児虐待で母親逮捕、だってさ」

「最近、そんなニュースが多いよね。愛情がなくなってるのか、人とのつながりが希薄になってるのか……」

「たしかにこんなニュースばかりが流れる世の中じゃあ、楽しく弾んだ魂は減るわね」

「だから我々龍神はおまえらを鍛えてうまい魂にして食料を確保したいのだよ。でないと我々も人間たちも廃《すた》れてしまうがね」

「えー。そりゃ困る。でも……、なんで僕たちなんですか？」

ワカは昔から不思議な体質の持ち主だけど……。

「我はコイツに子供のころから付いておったのだよ。能力があるとかないとかではない。コイツの魂はウマい。ただそれだけだがね」

「それだけ？　能力者とか、特別な人だからってことじゃないんですか？」

「まあ、我々の言葉を理解してくれるのは助かるがね。それよりもコイツの行動が我々龍神や神様から好かれたのだよ。だから昔から運が良かっただろ？」

「うん、たしかに」

「それは、おまえが神様の栄養になっていたからなのだ」

「えっ？　それだけなんですか？」

「あとは、おまえら。見えないものを強烈に意識するようになったろ」

「あっ！」

東日本大震災だ。僕は直感で思った。故郷の気仙沼が大きな被害を受け、父の職場も全壊した。多くの人が亡くなった。そんな状況で歯科医の父はボランティアで９２６体にものぼる遺体の検死作業を続けた。発電機で電気を使えるようになると、午前中は患者さんの診療、午後は検死という毎日を送っていたのだ。父は祖父が死んだとき、死後の世界を強烈に意識したと言い、仏教を学んでいた。検死のときも身元がわかると、手を合わせて般若心経を唱えさせてもらったという。後ろには早く身元確認をしたい人が並んでいたが、この行為には最後までひとつの苦情も出なかったらしい。日本人が死後の魂を意識している証拠だと感じた。

そんな父を見ながら僕も強烈に魂や見えない世界を意識するようになった。父の祈りでどれだけの人が救われたのだろうと思った。

「おまえが見えない世界を強烈に意識してくれたおかげで、ようやくおまえたちに声を届けることができたのだ」

「じゃあ、ワカが特別だからとかでは」

「ないがね。我々龍神が好む行動を取ってウマい魂になってくれれば、だれにだって龍神は付くのだ。いや、むしろ付きたいのだよ」

「つまり、私たちにウマい魂になって神様を助けろってことね」

「おまえらだってそれで運気が上がるのだからいいではないか」

「もちろん！　で、なにをすればいいのでしょうか？」

「これから教えてやるがね。我がみっちりと」

神様には媚《こ》びを売ってもいい!?

ようやく十和田神社にたどり着いたのは昼前だった。太陽は高く昇っている。たしかに神社仏閣の柱や天井の飾りに龍が彫ってあるのはよく見かけるけれど。

ほどなくすると、林のなかに雰囲気のある石造りの鳥居が見えてきた。両脇に構える狛犬と獅子がその厳粛な雰囲気を一層かき立てる。僕たちは鳥居でペコリと一礼すると、参道をいそいそと歩いていった。

不思議な空気である。

「味のある神社だな」

僕が言うと妻も、

「シャクだけどなんか気持ちいい」

「そりゃ、おまえがケガレてるからだがね。せっかくだからケガレを全部取っ払っていくがね」

とすかさず龍神様からの鋭いツッコミが。

「レディに向かって汚いなんてひどくない？」

十和田神社

「なにを怒っとる？　我が言うケガレは気が枯れるという『気枯《けが》れ』。心身のエネルギーが少なくなって元気がない状態のことだ。おまえはいま、問題を抱えて悩んでおるだろ」

「うん」

「意識がそこに集中すればだれでも気枯れるがね。神社はそんな気枯れを回復させる場所なのだ。良い気を身体と心にチャージし、気を回復させる。まさに魔法の聖域」

「へえ。そうなんだ」

「それは僕も知らなかったな」

そして、いよいよ参拝。ガランガランと鈴を鳴らし、えーっと、たしか二礼二拍手。んで一礼っと。

「おい、待て！　おまえら違うがね」

「えっ？　なにがなにが？　なにが違うの？」

「おまえらがしたのは礼じゃない。礼とは敬意を込めて深く頭を下げることだがね、無礼者！」

クワっとすごむ龍神様の迫力でその場の空気が震える。

「す、すみません」

そう言うと僕たちはもう一度深く頭を下げた。

「せっかく遠路はるばる挨拶に来たんだ。少しでも多く十和田の神様に媚び売って帰ればいいがね」

「ええっ！　神様に媚びていいの？」

なぜかうれしそうに慌てる妻。媚はめちゃめちゃ得意分野。しかし、神様に媚びって……

「構わないがね。しかし、媚び方にコツがある」

「媚びるコツ？　それは一体……」

初めて聞く響き……。しかも神様への媚を売るコツ。

「龍神様！　なんでも言うことを聞きますから、どうぞ私目にお教えくださいませ！　神様への媚び方を」

横で妻が一生懸命、媚びていた……オイオイ。

「神様に媚を売る究極のコツ、それは……」

……それは？

「誠意を持って媚びる」

……なんと。誠意と媚び。どう考えても結び付かない。冷静と情熱、天国と地獄、ご飯と味噌汁……いやこれは結び付くか、日本のおいしい朝ご飯だ。それにしても、真逆の考え。

「冗談で言ってるんじゃないがね。例えば、おまえが2匹の犬を飼っているとする。2匹とも同じ種類で頭もいい。そんな2匹の犬の片方だけが自分にやたらと懐《なつ》いたとしよう。さて、どう思うかね?」

「そりゃまあ懐いてくるほうがかわいいでしょうね〜」

「さよう。そういうものなのだ。だれだって自分を好いてくれると思えばうれしい。かわいさも増すというものだ。これは神社の神様だって同じ。自分を求めて会いに来てくれたと知ったら、そりゃあ、期待に応えてやりたくなるがね」

こうなったらたっぷりご利益いただいていくわよ〜と息巻いた妻は、

「え〜十和田の神様、十和田の神様。私は早朝に仙台を出発して雪深いなか5時間もかけてここにやってきたんです。苦労してやってきたんです。ですから、どうかご利益をください。ラッキーなこと起こしてください! 宝くじ1億円って。あっ、痛い!」

どうやら頭を引っ叩かれたらしい……

「無礼者! なんだ、その挨拶の仕方は。40歳にもなってまともな挨拶もできんのか!」

怒鳴られる。

「す、すみません……」

「もう一回!」

「え、なんて言ってるの?」

恐る恐る聞く僕。

「もう一回やれだって」

「も、もう一回って言われても……。その、どのようにすればよろしいのでしょうか？　教えてください」

僕はおずおずと、妻を介して聞いてみた。なんせ僕には見えないし、聞こえないのだが、不思議と雰囲気だけはわかる。雪が残る寒さのなかだからかもしれないが、空気が張り詰めている、ピシピシと。

「まさかおまえたち、本当に正しいお参りの仕方を知らないのかね？　ふざけてやっていたのではないのかね？」

龍神が、まさかという顔で青ざめる。いや、見えないけどわかるんです。ガビーンって感じで固まっているのが。ガビーンって。

「そんなこと学校で習わなかったもん」

「ぼ、僕もちゃんとした神社の作法は知らなかったので。本当はここに来るために勉強すればよかったんでしょうけど……しどろもどろ」

となんとか取り繕う。でも龍神は容赦ない。

「黙るがね！」

ひぃーえー。

「言い訳する暇があったら、我が教える神様が喜ぶ正しい参拝方法を覚えるがね！　準備はいいか？　まずは……」

レッスン①

ここでは龍神に教えてもらった神様が喜ぶ挨拶の仕方を書きます。あなたに好きな人ができたときを想像してください。あなたはその人に好かれるためにどんな行動を取りますか？　それを神様に置き換えてみましょう。ココがミソです。鳥居の前で一礼するとか参道の真ん中は歩かないというシキタリはけっこうどこでも書いてあるので、とくに気をつけるといいことに的を絞ってお伝えします。あ、お祈りするときに住所、氏名、生年月日をお伝えするのも忘れずに。初めて会ったときの自己紹介は大切ですから。

あなたならどうする？　～思いを寄せる人に好かれたいとき～

⦿その神社の神様を知っておく

人だって好きになった人のことを知りたいと思いますよね？　これは神様も一緒。自分のことを知ろうとしてくれるって単純にうれしいものです。そういう人を神様も好きなんです。

そして知ると知らないとでは、ご利益がまるっきり違います。僕らも「神社は神社でしょ。みんな一緒」って長〜いこと思っていて、龍神から「バカモン」と叱られた口ですが。

だから、どうせお参りに行くなら簡単でもいいので、その神社の御祭神《ごさいじん》を調べておきましょう。僕も龍神に教わってから、せっせと神社の神様を調べたんですが、それはもう効果がすさまじく違いました。

神様によって得意分野が違うんだから、当然。商売繁盛のお願いを恋愛の神様にしてもズレているし、逆に縁結びを五穀豊穣《ごこくほうじょう》の神様にお願いしても、神様も困っちゃうんだそうです。おーい、わしゃ恋愛は不得手《ふえて》なんだよ〜って。

神社の由来をサラッと読んでなんとなくわかるだけで十分。由緒書《ゆいしょがき》を読むだけでもOKです。

あなたならどうする？　〜神様にご挨拶に行くとき〜

◉服装に気をつける

好きな人とデート。そんなとき、気をつけるのはやっぱり服装。見た目はやっぱり大切。神様に会いに行くときも一緒です。これまでは、神社に行くのに格好なんて気にも止めませんでしたが、過度に露出の多い服や、だらしない格好では神様に失礼です。とはいえ、特別な服装をしろと言うのではありません。肌の露出を少なく、派手なアクセサリー（めっちゃでっかいネックレスとか）は避けましょう。要は、神様にご挨拶に伺うのに失礼のないスタイルであればOKです。

それを教えてもらったあと、僕の神社参拝スタイルは大体白いシャツになりました。小さなことですが、服装に気を使ってから神社での体感が強くなりましたから、やはり神様も喜んでいるのでしょう。なんだコイツ？と思われない服装をするだけで神様の認識が格段に変わります。

⦿きれいな身体で手を合わせる

ちょっと誤解を招く表現ですが、お手水舎《ちょうずや》で身を清めてねってことです。神社の鳥居をくぐると大抵目に入るあそこです。手洗い場。でも、わからない人も多いと思うんですよね。そもそも最初はなんのために手を洗うのかも知らなかったし。これは禊《みそ》ぎというか、大切な人に挨拶に行くときに、汗まみれで行きたくないじゃないですか。実際は汚れていなくても、やっぱり清潔感は大事。それを、手を洗って口をすすぐだけで簡易的にできるのがお手水舎。手を洗うという行為は、科学的にも心のなかの罪悪感を流すことが証明されていて、心身を清めて神様に会うという大きな流れのなかのひとつになるんです。決して、ただの手洗い場ではないので、お参りの際はちゃんとお手水舎で清めましょう。

あなたならどうする？　～どうしても願いを叶えたいとき～

⦿願い事は声に出して伝える

好きな人には思いをきちんと伝えないとお付き合いはできません。それは神様も一緒。なにを求めているかをきちんと認識してもらう必要があります。

「おまえ、一体、なにをお願いしたんだね？」

「えっ？　龍神ならわかるんじゃないの？」

「おまえら本当にバカだな。人間だって小さな声よりも大きな声のほうが聞きやすくないかね？神様だって一緒なのだ。はっきり口に出したほうが願いが伝わりやすいがね」

やってみました。するとですね、これまでずーっとくすぶっていた願いが、２週間も経たないうちに叶っちゃったんですよ。自力ではもうどうしようもない状態だったので、他力の後押しを願いに神頼みに走ったわけです。この「願いは口に出すとより叶いやすくなる」というアドバイス。まさかって思うでしょ？　そのまさかです。心のなかだけで祈るより、断然口に出したほうが叶うんです。日本語には〝言霊〟という霊力が宿ります。小さな声でも言霊に思いを乗せたほうが絶対に神様に届きやすくなります。それからアウトプットするという意味もあります。

⦿賽銭箱には気持ちが伝わる金額を入れる

思いを形にする。好きな人になにかプレゼントして気を引こうとしますよね？　神様で言えばお賽銭です。

アタシ、この神様のことも勉強したし〜、お手水舎でお清めもしたからもうこれでいいよね〜。お賽銭は十分にご縁があるように15円でいいや（ほんとはお金が惜しいだけ）的な方、もしいましたら大損しています。

「お願いだけして帰るなんて勝手すぎるがね。ちゃんと賽銭にも気持ちを込めるのが敬意。それぞれの事情はあるから賽銭の金額にイチャモンつけてんじゃない。要は、なるべく出費は抑えていいとこだけ味わいたいっていうその気持ちが気に食わん」

「うう、たしかに……」

皆さんそういう人、好きですか？　僕は嫌。相手の真面目さとか真剣さとか、シンパシーを感じるからこそ、「よし、わかった！　なんとかしてやっから」的な気持ちが湧いてくるものです。だから、あなたの気持ちをちゃんと示した金額、そう、あなた自身のこれでよし、お願いします！と納得できる金額を入れましょう。それぞれの立場や事情によって金額は変わってもＯＫ。ただし、気持ちが伝わる金額というのがミソです。

そんな感じで突然現れた龍神様ですが、言われた通りに神社参拝したら本当に願いが叶ったのです。どうしようもない状態からみるみる人生を回復させる奇跡を起こしてくれた龍神様。その指導に従ったらどんなことになるんだろう？　僕も変われるのだろうか？

「さて、どうするかね？　我の教えに乗ってみんかね？」

「お願いします！」

まだ冷たい風のなか。澄んだ空。芽吹き始めた森。不思議な春。こうして僕たちの奇妙な3体の生活が始まったのです。

龍神の教え①

正しい参拝方法を知っておこう。それが龍神に付いてもらうための第一歩。

命名！　龍神〝ガガ〟誕生

「ねえ、名前付けない？」

帰りの車のなか、龍神の名前を検討することに。とにかく妻は名前を付けるのが好きなのだ。

ちなみに、この文章を打ち込んでいるノートパソコンは「ヘイハチ」。先代は「トウイチロウ」だった。僕にはわからない命名力。なぜその名前？　とは思うのだが、名前を付けると不思議と親しみが湧く。

「日本風の名前がいいよね、ヨサクとかキチベエとか」

妻の命名はなぜか日本昔話風。

「我々には名前など必要ないがね」

「なんで？　名前あったほうがいいでしょう？」

「いらん」

「しかし、龍神さんはほかにもおられるでしょうから、あなたの名前は必要かと」

「ふん。我々は自分が何者か知っておる。龍神同士は想念で話すし、お互いを認識できればそれでよし。そんなものは自分が何者かわからん人間が勝手に付けて喜んでいるだけだがね。くだらん」

「む。でも人間界では名前があったほうが便利なんですよ。国も島も会社も人間も。名前がないとなにもかもをどう認識すればいいのかわからない生き物が人間です」

「ガー、ガー……ガガ」

突然、妻のハスキーボイスが車内に響いた。

「ひらめいた！　ガガにしよっと。よくない？　龍神ガガ」

「なんでガガ？　別にレディーガガ好きってわけじゃないだろ」

細かいところにこだわるのが僕の悪い癖。

「ガーガーうるさいからガガ」

「おい、名前など必要ないと言っとるがね。取り消すがね！」

「取り消さないもん。決定事項」

「いらんがね、いらんがね！」

「嫌よ嫌よも好きのうち」

強引マイウェイ。妻のペースに乗せられて、ここに龍神ガガ誕生。


この名前を付けるという行為。これは名前に意味があるわけじゃないんです。どんなものにでも名前を付けると親しみを感じませんか？　龍神に名前を付けて時折、名前を呼んでみる。話しかけてみる。そうすると、いつしか実際にその龍神がそばにいてくれるようになります。龍神が引き寄せられてきます、これは確実に。だからあなたの龍神にも名前を付けましょう。日頃から語りかける癖を付けましょう。「だって私には龍神付いてないし」というあなた、それは「自分に龍神は付いていない」と認定しているに過ぎません。龍神にも「コイツは龍神に付いてほしくないんだな」と認識されてしまいます。語りかけているうちに、自然とその名前の龍神が隣に来てくれます。そう、本当にあなたの心がそれを信じた瞬間から。

龍神の教え②

龍神を引き寄せる法――名前を付けて呼んでみる――。

「おい」

「はい？」

「名前ってのは便利だね。人間界をグルっと回って来たんだがね」

なんと、さすが龍神、この一瞬で。これが神のなせる業か？

「ガガって名前はカッコいいとほかの龍神にうらやましがられたがね」

「そ、それはなにより」

「ほかにも自分を頼ってほしい龍神がわんさかいる。皆、名前が欲しいそうだがね。皆にも名前付けるがね！」

いやいや、「龍神は皆名前なんていらんがね！」って言ってたでしょうが。なんなんだよ、この変わり身の早さは……。

龍神は神様界の〝運び屋〟だった！

名前にご満悦の龍神ガガに、僕は疑問を投げてみた。

「あのー、ガガさん。ちょっといいですか？」

「ん？　なんだね？」（気のせいか、ちょっとうれしそうである）

「そもそも龍神ってなんなんですか？　神様？　動物？」

突然〝龍神〟と言われてもピンとこない。『まんが日本昔話』のオープニングや神社仏閣の社殿に彫られている彫刻とか中華料理屋の食器とかで目にすることはあっても、動物園で会えるわけじゃない。そもそもこれから一緒に過ごす相手の素性はちゃんと知りたいに決まってる。

「たしかに龍神に関する本は見かけるけど、改めて龍神ってなにって聞かれるとわかんないわ」

「おまえら、眷属《けんぞく》って知ってるかね？」

「ケンゾク？　眷属って神様のお使いのことですよね」

「さよう」

「神社の参道にいる狛犬《こまいぬ》とか獅子《しし》とか……」

「その眷属。実は我ら龍神も神様の眷属なのだよ」

は？　龍神が眷属？　龍神って神様じゃないの？　僕、混乱。頭を整理して問いを続ける。

「それは神社にいる狛犬や獅子、稲荷神社の狐なんかと同じお役目ってことでしょうか？」

「さよう。だから神様は我ら龍神に乗って移動したりするがね」

「たしかに奈良の春日大社のタケミカヅチは元々鹿島神宮にいて、鹿に乗って移動しました。だから春日大社の眷属は鹿」

「よく知っとるじゃないか。それに神様は飛べんからね。我々が乗せて移動するのだ」

「マジで！　神様って飛べないの？　詐欺じゃん、詐欺！」

なにが詐欺なのかわからないけど、とにかく衝撃の事実。神様は飛べない……。なんと……。

「我ら眷属は神様を乗せて使いとして働く存在だ。神様の指示で人間をサポートしている。まあ神様が司令塔で、我々眷属が現場で直接人間のために働く実働部隊というところかね」

「実働部隊ってことは人間にも近いわけ？」

「近い。人間の願いを神様に受理してもらいやすいように運び、神様からのご褒美を頑張った人間の元に届けるのだよ。すごくないかね？　欲しくないかね？」

欲しいに決まってる！

「龍神は気が早いからな、叶うスピードも短いのだよ。3年かかることが1年で叶ったりする。そんな案件にはなんらかの形で龍神が関わっていることが多いがね」

「じゃあ、龍神は神様界の〝運び屋〟ってわけ？　面白ーい！」

ワカが歓喜の声を上げる。

「でも、ほかの眷属には『神』って付きませんよね？　どうして龍神だけ『神』なんですか？」

獅子、狛犬、鹿に猿、兎《うさぎ》。眷属はたくさんいるけどみんな「神」ではない。

「龍神も元々、神ではないがね。わかりやすく言えば、先生でもないのにみんなに『先生！　先生！』って祭り上げられちゃったようなもんだがね」

「えっ!?　そうなの？」

僕は思わず叫んだ。

「どうも龍ってのは目立つらしい。まあ、存在そのものが神々しいから仕方なかろう。いるだろ？　目立ちたくないのに、生まれながらに目立っちゃうヤツ」

「いるいる！」

「我なんか生まれたときからエリートで出世街道まっしぐらの予定だったのに、守ってるヤツの亭主がダメダメだから、思わぬ苦労をすることに……」

まさかの龍神の生い立ち&出世事情。その守ってるダメダメなヤツって、もちろん僕のことだよな。

「もう！　タカのせいでガガの格が落ちたんじゃない！」

「す、すみません」

「でも眷属のなかでは断トツのパワーで神様とツーカーなのは事実。だから元々は神でもないのに、いつの間にか神のように語り継がれていったのだ」

「いつの間にか神様にされちゃったわけね」

「日本人は神秘的な龍が大好きだからな。龍、龍って上げ奉られるうちに自信が付いて強くなり、いつの間にやら本当の神と同じ力を手に入れちゃったのだよ」

「へえ！　じゃあ、人間の祈りの力で本当の神様になっちゃったんですね！」

〝ドラゴン〟って呼ぶのは禁句らしい？　西洋での悲しい体験

「じゃあ、東照宮の徳川家康、神田明神の平将門も元は人間なのに、死んだあとに人間の強い崇敬の念で神様になったってことですか？」

「その通りだ。言っただろ、神様も龍神も人間の崇高な祈りと魂を食って栄養にしていると」

「ははあ」

「しかし、おまえは理屈が多い。もっとシンプルに考えるがね」

ちぇっ。すねる僕。

「そんなわけで、我らは神様に最も近い存在。しかも眷属の部下も大勢いるから現場を仕切る力もある。で、龍神は人間が好いてくれて敬ってくれたお陰でどんどん昇格して、もうすぐ神上がりするがね」

「神上がり？　課長から部長へ昇格、みたいな感じですか？」

神様界にそんな格付けがあるのかはわからないが、イメージとして聞いてみた。

「歴代の神社の神様と肩を並べるほどになる予定だ。だから最近の龍神は羽が生えているがね」

「羽？」

「龍神が神上がりすると鳳凰《ほうおう》になる」

「ホーオー？　あの鳳凰？」

僕はある神社の灯篭《とうろう》に龍神の上に鳳凰が描かれていたことを思い出した。あれが龍神の神上がりを意味するなら、古代の日本人はちゃんとわかっていたということか。マジで？　すげえ。

「じゃあ、人間は龍神の昇格のお手伝いをするわけですね」

「そういうことだがね」

「で、その代わりに運が良くなる方法を教えてくださると」

いいことずくめ。ＷＩＮＷＩＮの関係、素晴らしい。

「あ、羽って言えばさ、あれも羽生えてない？」

「あれ？　なんだね、あれって」

「そういえば、ドラゴンは龍とは違うんですか？」

「ううっ！　我はドラゴンじゃないがね！　龍神だがね！　いますぐ訂正しろ!!」

突然、怒り出したガガ。その怒りは烈火のごとくだ。

「す、すみません っ！　羽って言うからつい……」

「おまえ、もう二度と間違えるんじゃないがね！」

驚いて慌てて謝るものの、まだ興奮している様子のガガ。なぜドラゴンと呼ばれることに、そんなに過敏に反応するんだ？

「あの……、じゃあ、龍神とドラゴンは違うんですね……？」

恐る恐る尋ねる僕。

「あれは違うがね」

少し冷静さを取り戻したようにガガが言う。

「まず、ドラゴンってどんなイメージあるかね？」

「暴れる！　火を吹く！　悪役！」

間髪入れないワカの返答。まるでゴジラだと思うけど、たしかにそうかも。

「残念だが、西洋では我々を悪者に扱うのだよ。悪いことしていないのにひどいがね。だから西洋には我らはあまりいない、嫌だから」

「そういえば、龍をもって悪魔とするのが西洋の思想だわ」

「マジで。さすがカトリック校出身者」

「つまりこういうこと？　悪者だと思われてるところには居たくない」

「住みにくいがね、嫌われるのは嫌だがね」

なんか、かわいいな。龍神も感情があるのか。少し愛着が増してくる。

「その土地、国によって受け入れられ方が違うってことですね」

僕は納得して言った。

「その点、日本はいいがね。龍神は神聖なものとして扱ってくれる。『八百万《やおよろず》の神』と言って感謝の気持ちが溢れておる。だから龍神の多くが日本に惹かれるんだがね」

だれにも言えない龍神の胸の内

「しかし、日本人にも不満はある」

「え、なんですか？」

「冤罪《えんざい》なのだ」

「冤罪？」

「日本各地に残る伝説や言い伝えのなかにあるだろ。龍神が豪雨を起こしたとか、洪水を引き起こしたとか……」

「あ～、あるある。家のそばの川にもそんな伝説を書いた碑があるもん」

「だから冤罪なのだ。大きな天災の原因は龍神が怒ったから、怒りを買ったからだと伝えられている話は我々のせいじゃないがね」

なにやら切実な話のようだ。

「龍神は人間を傷つけるようなことはせんよ。しかし人間は大きな力を持ったものを恐れるゆえに、力の及ばない出来事が起きると全部、我々のせいにするんだがね」

「川の氾濫は水を司る龍神様の祟りだとか……、そんな感じですね」

「さよう。考えてもみるがね。我々は人間の成長する魂を食って生きとるんだよ。その人間を苦しめるようなことはせん。自分の食い物を減らすだけだ」

「たしかに言われてみれば」

「昔の伝説はみんな誤解なわけね。そりゃ申し訳ないわ、ごめんね」

実に軽いごめん。そう、妻はライトなんである。

「とはいえ、昔は悪いこともしてたがね」

「してたの？　悪さ」

「最後まで聞くがね。なかにはそういう龍神もいた。だがいまは、人間を傷つける龍神は絶対におらん。龍神も学んで成長したのだ」

「龍神も昔は失敗したってこと？」

「我々も昔、人間を傷つけてしまい、自分たちの食い物がなくなって苦しんだ。だから反省した。人間を傷つけるようなことはしないと誓った。反対に人間を助けてお互いに繁栄しようと決めたんだがね。同じ過ちを繰り返さん」

「災害が起きると龍神の祟りとか、龍神様がお怒りだとか、そういうふうに考えないでほしいということですね」

「そう思われたら我々は怖がられる。我々も人間のそばにおられなくなる。我々は人間と共にありたいがね」

龍神の教え③

龍神の昇格の手伝いをするのが人間。人間と龍神はＷＩＮＷＩＮの関係。

神社初心者はここに行こう！大事な神様教えます

さて。龍神様の教えで僕たちは十和田神社へご挨拶をしました。とはいっても「自分に合った神様ってだれ？　どこ？」って思いますよね。いまは古事記のことなんて学校じゃ教えてくれないし、アマテラスとかスサノオとか言われても、聞いたことはあるけどどんな神様かは知らん、という人がほとんどです。それは仕方ありません。

そこで僕のお勧めの神様を教えます。どこの神社に行けばいいのかわからない人は、とりあえずここでご紹介する神様のいる神社に行ってみてください。

まずは、「オオクニヌシ（大国主）」という神様です。

この神様は別名「大黒様《だいこくさま》」「オオナムチ」として祀《まつ》られていることもあります。どんな神様かといえば、ズバリ！縁結びが得意なんです。古事記を読むとわかりますが、この神様は人が良すぎて、すぐに騙されてはひどい目にばっかり合っちゃうかわいそうな神様。それでも、その人の良さからみんなに愛されていて、困ったときは必ずほかの神様が助けに来てくれる。たくさんの縁に助けられ、守られて、ついには国を統一した偉大な神様です。だから人間の縁を結ぶのも得意中の得意なんです。

考えてもみてください。大体の願いは必ずなんらかの「縁結び」が必要ですよね？　「恋

COLUMN.1

愛」「結婚」はもちろん、「出世」だっていい仕事や上司との縁が必要だし、「利益向上」も良い商品、お客さんとの縁が必要です。人との縁、家の縁、社会の縁……。ですから、どんな願いでもまずはオオクニヌシへお願いしてみましょう。一番大きな神社は出雲大社ですが、全国あちこちで祀られています。

次に「アマテラス（天照大神）」です。

言わずもがな、日本の最高神であり、太陽の神です。すべての人に温かい陽の光を注いでくれます。そのご神徳は幅広く、国土安寧《こくどあんねい》から個々の小さな願いまで。伊勢神宮にお祀りされていますが、全国の皇太神社《こうたいじんじゃ》や神明社《しんめいしゃ》ほか、多くの神社でお祀りされています。僕も東京に行ったら、東京大神宮には足を運ぶようにしています。

いまはアマテラスが最高神とされていますが、かつては天をアマテラスが、地上をオオクニヌシが治めていました。ですから2柱《ふたはしら》ともに大きな力を持っています。困ったときは、オオクニヌシか、アマテラスのいる神社へ足を運んでみましょう。

あとは番外編ですが、龍神様と親しい間柄の神様って知りたいですよね？　八岐大蛇《やまたのおろち》を退治した勇者スサノオとか、天岩戸《あまのいわと》に閉じこもったアマテラスを引き出したタヂカラオという力持ちの神様と一緒に祀られて馴染みが深い龍神様ですが、意外なことにククリヒメ（菊理姫）という女神とも大の仲良しなんだそうです。ククリヒメは男女の縁結びの神様としても有名で、全国の白山神社《はくさんじんじゃ》におられます。白山神社は全国に約２７００社もありますので、あなたの近くにもきっとあるはず。足を運んでみると龍神様との縁も深まります。

神様の名前はなぜ長い？
そこからわかる大和言葉の奥深さ

ガ ガは僕たちが名前を付けようとすると、「我に名前はいらん」と言いました。これは神様も動物も自分自身が何者であるかをわかっているからですが、これこそ日本人が龍神に好かれる理由のひとつなのです。どういうことでしょう？　それを解く鍵は日本の神様の名前にありました。

神様の名前はとにかく長いんです。例えば、天孫降臨《てんそんこうりん》で天から地上へ降りてきたニニギという神様がいます。正式名称は「天邇岐志国邇岐志天津日高日子番能邇邇芸命《あめにぎしくにぎしあまつひこひこほのににぎのみこと》」と言います。もう嫌になるほど長い（笑）。でもこれは、古代の日本人が神様に対して単なる名称ではなく、どのような存在かをすべて言葉で表現しようとしたためなんです。

「天が賑わい（天邇岐志）、国が賑わい（国邇岐志）、穂がニギニギ（賑々）しく稔《みの》る国（番能邇邇芸）へ降りた天津神の男神（天津日高日子）」という意味になります。

この名前を聞いただけで、どんな神様かがわかりますよね。ですから当然、書物によって表現の仕方が違うこともあります。

天を支配する太陽神アマテラスは、古事記では「天照大神《あまてらすおおみかみ》」。日本書紀では「大日孁貴神《おおひるめのむちのかみ》」と記されています。

COLUMN.2

「天照大神」は天を照らす太陽の神という意味、「大日孁貴神」は太陽に仕える霊的な力を持った女神という意味になります。物語の役割によって表現方法も変わっていることがわかります。

実は、この感性は古代から日本人が発する大和言葉を知るとよくわかります。自然から入ってくる情報をそのまま表現すること。肌で感じたことをそのまま言葉にして語ることが大和言葉の原点です。

ですから大和言葉の特徴は、「あ」「い」「う」「え」「お」……と、一言一言にすべて意味があります。「A」「B」「C」のひとつひとつには特段意味がなく、組み合わせて単語をつくって初めて意味を成す英語とは根本的に異なるところです。

ちなみに「日本」という名称。これは英語のジャパンの訳になりますが、大和言葉では、「豊葦原瑞穂国《とよあしはらのみずほのくに》」と言いました。アシが生い茂り、お米がよくできる国という意味です。神様の名前はこのようにつくられたのです。

とくに神様は見えない存在です。神様は「見る」のではなく「感じる」もの。自然と一体となり、感じたものをそのまま表現できる日本人だからこそ、神様を表現することが許されたのです。

そしてその感性が、「名前なんかいらん」と言った神様や龍神ともマッチしたのでしょう。森羅万象のすべてを音で表現した大和言葉を操る日本人。龍神が日本という国に惹かれるのもうなずけます。

第2章

龍神を信じ、頼ってきた日本人

仏典にも明記。龍神の数は幾千万億

エアコンの設定温度を少し下げた。

「暑くない？」

「めっちゃ暑い」

ガガと生活してから部屋の温度が上がりやすい気がする。ガガが怒ったり喜んだり感情を出したときはとくに。どんなに寒い部屋でも、ボリューム満点の相撲取りが10人くらい押し合いへし合いしていれば、妙に暑そうだという場面を想像してもらえればわかるだろうか。どすこいどすこい、ごっちゃんです。体感温度と相撲取り、いや龍神の関係……。冬だったら暖房いらずで節約になるかもしれん、などとセコイことを思っていると。

「ちょっと〜。いつにも増して暑いんだけど」

ワカがガガへの不満を口にする。この人は本当に歯に衣着せない。

「そりゃ仕方ないがね。我々龍神はエネルギーだ。文句言うな」

「文句なんかじゃないってば」

「ふん、うるさいヤツらだ」

しつこいようだが僕には直接ガガの声は聞こえない。

「龍神はエネルギー体で、人間の祈りで神様になったんですよね」

「さよう」

「んで、ガガさんはそのなかの1匹っと」

「イッピキとは失礼な！　1柱《ひとはしら》と数えるがね。神様は1柱、2柱《ふたはしら》と数えるのだ。それくらいちゃんと知っておくがね」

「あ、すみません……。そのなかの1柱っと」

「文句あるかね」

いや、文句なんかないです。

「ぶっちゃけ龍神って何匹いるんですか？　龍神大好きな人、たくさんいるからみんなに行き渡るんですかね？」

「柱と言え！」

率直な疑問だ。そもそも人間の「数」という概念があるのか？

「うじゃうじゃおるよ。そりゃものすごい数だがね」

「だからどのくらい？」

「仏教の経典ってのに記録されておる。仏を守護する眷属の龍たちが『幾千万億』いるって、ちゃんと証明されとるがね。それくらい自分で調べるがね」

うじゃうじゃ＝幾千万億。新しい単位になりそうだ。

「そもそも厳密に何柱というふうには数えられんがね。前に徳川家康のように、人間が祈りの力で神様になることができると言ったのを覚えておるかね？」

「覚えてますよ。人間の祈りが神様を生み出したんですよね」

「そう。だから人間がある龍神の絵を見て、『私に付いてくれる龍神様はきっとこんな感じだ』とイメージして祈ったとしよう。強く強く祈ったことでその人間の心から1柱の龍神が生まれることだってある」

「へえ！　そうやって生まれたりもするんだ」

「逆もしかりだ。守っている人間が祈りの気持ちをなくし、龍神に嫌われる行動を取ったりしたら、龍神はその人間からもらえる栄養がなくなり、その瞬間に消滅してしまう。だから正式な数はわからない。ただこれまで連綿と積み重なってきた人間の祈りの力でうじゃうじゃと。人間全員に行き渡るどころか、龍神のほうが多くて溢れているくらいだがね」

「夢膨らむ～」

「だから人間、龍神たちと仲良くしようではないか」

「じゃあ神社の神様も祈りがなくなると弱ったりするんですか？」

「そう。祈りの少ない神社は神様も弱っていく。消えはせんがね。おまえ、神社を建てる場所の意味って知っとるかね？」

「場所の意味？　いや」

「神社が建つ場所は、とても良い場所か、悪い場所かどちらかだ」

「うそ、良いところにしか建たないんだと思ってた」

「祟りを鎮《しず》める場合もあるからな」

「ああ！　神社は魔を封じる役目もあるってなにかの本で読みました」

「もしその魔を封じている神社の力が失われたらどうなる？」

「そりゃ悪いものが解き放たれて……」

「周辺に悪い影響が出る」

マジで？　怖っ。

「そういうケースも多い。単に人間が神社の神様を放置して弱らせただけなのに、『神様の祟りだ』『神様が怒ってる』って。濡れ衣もいいところだ。龍神への誤解と一緒だがね」

「そいつはヒドイ……」

考えてみれば龍神と同じで、神様が人間を苦しめることなんてあるわけがない。人間の祈りによって生み出された存在ならばなおさらだ。

「でも力が弱っている神社だと、参拝してもご利益ってないんですかね？」

するとガガは勝ち誇ったような笑みを浮かべながら、

「まったく、だからおまえはバカなのだ。いいかね、そういう神社があったら逆にチャンスだ」

「チャンス？　なんで？」

僕とワカは声をそろえて言った。力を失くした神社に出会えたことがなんでチャンス？

「おい、今夜はおまえら絶食しろ」

「は？　なに言ってんですか？　僕ら昼メシ食べてないんですよ、時間なくて」

「だからだ。とにかく腹を空かせるがね」

「えぇ〜〜〜？」

空腹は苦しい。とにかく腹が減った。苦しい夜だった。さて、翌朝……。

「腹減ったろ？」

「ペコペコですよ、もう」

「その腹ペコで動けないときに、腹いっぱい飯を食べさせてくれるヤツが現れたら？」

「そりゃ、ありがたいに決まってるじゃないですか、命の恩人って思うかも。あっ、そういうことか」

「だろう？　その神様に、祈りの力＝メシを与えて復活したなら、その恩返しに祈ったヤツに力を貸してくれる」

なんと！　それならばマイナーな神社を見つけたら友達連れていっぱい祈りを捧げれば、ホクホクじゃないか。

龍神の教え④

寂しい神社を見つけたらチャンス。神社救えば自分も救われる。

龍神界にも第一次ベビーブームがあった⁉

「ちなみに龍神はいつごろから存在したんですか？　人類が誕生したときにはもういたとか？」

「ほかの龍神の生い立ちか？　そこまではいちいち知らんがね」

「じゃあ、ガガさんはいつ生まれたんですか？」

ワイドショーのレポーターのようにしつこく食い下がる。

「石器時代とか？　人間が猿みたいで、マンモスを追いかけていた時代、知ってます？」

「石器時代？　知らん！　ただ……」

「ただ？」

「『はじめ人間ギャートルズ』は知っとるがね」

「たぶん私がギャートルズマニアだったからガガは知っているんだと思う。それにしても覚えてる？　あのマンモスの骨付き肉」

「我の記憶があるのはもっとあとだがね。そう、まだ夜の闇がいまより深かったころ」

「何年前？」

「人間がたしか、平安時代とか呼ぶころだな」

「へえ！　平安時代か。じゃあガガさんは1000歳ってこと？　すげー」

「おまえらを連れていった十和田の龍神はもっと古い。爺さんの龍神。我も相談することがあるがね」

「龍神にも若いのから年寄りまでいるの？」

「そりゃそうさ」

「龍神の平均年齢って？」

ワカが聞いた。

「へーキンネンレー？　そんなもん知らんがね。ただ我は若手で、その時期は結構龍神が生まれたがね」

平安時代は天からのメッセージを受けて危険を回避する安倍晴明《あべのせいめい》などの陰陽師《おんみょうじ》が、いまで言う国家公務員として天皇家や公家に仕えていた時代だ。見えない世界とのつながりが強かった時代だからこそ、龍神の存在も意識されたのかもしれない。

「じゃあガガは第1次ベビーブーム、いわば団塊の世代なんだ」

龍神界の団塊の世代。時代の求めに応じて増えたり減ったりする。龍神界も人間界も同じなのだろうか。

ちなみにこれはのちに調べてわかったのだが、弥生時代の土器に描かれた龍の絵は日本全国で80点以上が確認されている。2013年にも今治市の新谷森ノ前遺跡《にやもりのまえいせき》から新たに2体の龍が描かれた壺が発見されているのだ。ということは、少なくとも弥生時代には龍は存在していたのか？　長く日本人を守っている存在なのだ。弥生時代といえば紀元前だから、その時代に生まれた龍はガガの倍以上生きている計算になる。なるほど、たしかにガガが若手に入るのもうなずけた。

「でも『神様』になったのは人間の祈りによってですよね。龍神が力を増したのはいつごろ？」

「最初は戦国時代。戦国時代は生きるか死ぬかの時代で、おそらく強そうな龍神の風貌を見て頼ったのではないかね。龍神として神社で祀られるようになったのもそのころからだがね」

龍神を信じ、頼った日本人。そしてそれに応えた龍神。長く日本人は龍神と共存してきたのだ。

いま、龍神が流行る理由

ガガは続けて言った。

「そして2度目はいまだ。龍神への意識は随分高まってきたがね」

「うん。多いよね、龍本。本屋行くといっぱい。面白いけど」

ワカが言った。たしかにここ何年かはスピリチュアル本といわれるものが流行りだして、所狭しと「引き寄せ」とか「幸せの法則」なんて本が並べられているが、そのなかに「龍神」という文字もちらほら見かける。

「おそらくは我々龍神が現れる土壌が出来たということだろう。人間は希望とか夢見ることがないとダメな生き物だからな。それがスピリチュアルという形で人間たちに広まってくれたわけだ。その土台が出来たことで、やっと我々龍神が登場できる時代になったというわけだがね」

そうだよな。一昔前にいきなり「ここに龍神がいます」って言っても理解されなかっただろう。スピリチュアルという言葉が一般的になったことで、目に見えない存在も受け入れられる土壌が出来上がった。基礎教育はスピリチュアルで、実践編は龍神の教えでということか。

「すべてはタイミング。順番なのだよ」

「じゃあ、いまのスピリチュアルブームなんかは龍神たちにとっても喜ばしいことなんですね」

「ようやく人間たちが見えないものに気づいてくれた。我々だってうれしいがね。でもな」

ガガの口調が確信に迫るように変化する。

「この地球上でも人間や動植物のように、物質として存在するヤツらのほうが少数派なのだよ。我々からしたら、そんなおまえたちのほうが珍しいがね」

まさかの逆転の発想。神様や龍神のように、目に見えない存在にとってみれば僕たち物質、触覚を持つ存在のほうが珍しい。

見えない存在のほうが多い……か、それは考えもしなかった。目に見えるものしか肯定しない僕たちが好きな科学ってものは、宇宙の原理からすると狭い箱のなかでしかものを見ない、ちっぽけなものにすら思えてきた。

「ところで先ほど翁の龍神に『相談する』と言いましたけど、龍神同士が話をしたり相談したりもするんですね」

「さよう」

「そういうときは実際そこまで行くんですか？　十和田まで飛んでいくとか」

「行くこともあるが、龍神の国というのがある。人間の言葉で言えば別次元だが、そこでほかの龍神に相談したり話をするんだ」

「へえ！　じゃあ、龍神の国に行ってるときもあると」

「わからんヤツだがね！」

また声のトーンが上がる。くどいようだがワカを介しての会話でもその雰囲気はわかるのだ。

そしてガガはなかなか面倒な性格の龍神様のようで……。

「いいかね。我々は龍神だ。瞬間移動できるのだ。龍神の国にいるときでも意識は残してあるからなにかあればその瞬間、ちゃんと人間世界におるのだよ。そもそも龍神同士は想念でしゃべると言ったろう？　意識だけで龍神の国で会話することができるのだ」

「なるほど。だから人間界でもつねに一緒にいて守ってくれているということなんですね」

龍神に限らず、神様だって守護霊様だってずっと見てくれているのだ。「見えないものを意識する」ということは、言葉を変えれば「自分を意識する」ことにもなる。そうすれば、自然と恥ずかしい行動を慎もうと考える、姿勢を正す。日本では、だれも見ていないところで徳を積むことを「陰徳」と言うが、実はこれも僕らを守ってくれる存在がちゃんと見ているわけだ。

「見えないものを意識し敬《うやま》うのは、自分自身を見つめるということでもあるんですね。深い」

僕は大きく息を吐いた。すると、

「だから私にはうるさい監視役がいつもいるのよ！」

ワカが叫んだ。

「我は子供のときからおまえのそばにおったがね。おまえが気づかなかっただけなのだよ。おまえはなかなかオムツが取れなくて」

「えーい、うるさーい！」

なるほど「見える存在」がそばにいる妻にとってはなかなか大変なことかもしれない、と思いつつもワカとガガ、なかなかいいコンビだと改めて思った。

龍神の教え⑤

龍神はいつもそばにいます。隠せることなどひとつもありません。

日本の窓口を神様に守ってもらった長期政権No・1の男、佐藤栄作

ガ ガの言うように、神様の力を借りて名を上げた歴史上の人物はたくさんいます。と聞いたら具体的にだれ？　どうやったの？って知りたくなりますよね。そこでふたりの人物を取り上げてご紹介したいと思います。

ひとり目は佐藤栄作。戦後の総理大臣で最も長く政権を維持しました。現在では総理大臣が伊勢神宮へ参拝するのは慣例になってますが、それを最初に始めた人物です。

そんな彼が崇敬していたのが茨城県にある鹿島神宮。総理大臣在任中でも熱心に参拝を続けていました。

鹿島神宮は、利根川を挟んだ香取神宮と対を成す神社で、それぞれ古事記や日本書紀でも重要な役割を演じた神様が祀られています。鹿島にはタケミカヅチ、香取にはフツヌシ。フツヌシはタケミカヅチの剣を神格化した神様ですから2柱はセットと言っていいほど。

この2柱は、天を支配するアマテラスの使いとして、地上を支配するオオクニヌシに対して地上世界を譲るよう交渉した神様です。つまり、天と地上を結び付けた神様と言っていいでしょう。

では、現代。天と地上を結び付けるものといえばなんでしょう？　それは「空港」です。

COLUMN.3

彼が行った大きな事業といえば……。成田空港の建設が挙げられます。さまざまな場所が候補に挙がったなか、彼が決定した場所こそがいまの「成田市三里塚」でした。

なぜそこにしたのかは明らかになっていませんが、僕が興味深いと思うのはその位置です。現在の成田空港から鬼門（北東）の方角には一直線上に鹿島・香取の両神宮が鎮座しています。悪いものが入ってくる鬼門の方角に神社を配置し、侵入を防ぐ。しかも、天と地上を結ぶ役割を演じた神様に守ってもらったのです。まさに適材適所。

彼がこれを決定したのが１９６６年。それから１９７２年までの長期政権を築くことになりました。

実は神様に願い事をするとき、「まずは国や世界全体の幸せ（他者の幸せ）をお願いするのだ。自分自身の願いはそのあとにするとよいがね」とガガが言っていました。「お、こいつは自分のことよりも周りのことをよく考えておるな。素晴らしい！　では、こいつの願いを優先的に叶えてやろう」となるわけです。まあ、ズルいって言われるかもしれませんが、神様はそんなことは気にしません。

彼は最初に国と国民の繁栄を神様に願い、空港を守るのに最適な神様を配置した。それを見た神様が「お、コイツは神様のことをよく理解しておるね。国民のためにもなりそうだ。よし、少し後押ししてやるか」となるのも当然です。事実、佐藤栄作政権は戦後No・１の長期政権を築いたのは紛れもない事実です。しかも、神様の後押しを受けて上昇した好景気は、イザナギ景気と神様の名前で呼ばれているのも偶然とは思えませんね。

成長とともに祈りがステップアップ、ついには龍神とつながった大富豪・岩崎弥太郎

次に、ガガとも関わりの深い人物をご紹介します。とはいっても、ガガの先輩の龍神が助けた話ですが。なんせガガは「我は龍神だがね。いちいち人間の名前なんぞ覚えておらんがね」と言っていますので、仲のいい龍神に話を聞いてきてもらいました。その龍神はガガと同じ白龍《はくりゅう》で東京の湯島天神におられました。

その龍神が助けた人物の名は岩崎弥太郎。三菱財閥をつくった人物です。彼の特徴は、成長とともに神様への祈りもステップアップしたということ。

子供のころに崇敬したのは地元の「星神社」という小さな神社。ご祀神のアメノミナカヌシは、古事記で一番初めに登場する宇宙の根源神。これからすべてを始めようとする彼にとって最も相応しい神様でした。江戸遊学に出かけるとき、社殿に「吾れ志を得ずんば、再び帰りてこの山に登らじ」という落書きをして、立身出世を祈願したエピソードは有名です。

そしてその願いが叶い、商売を始めると次に崇敬したのが稲荷神社でした。五穀豊穣、商売繁盛の神様です。自身の出身地である土佐藩の山内家も大阪の藩邸のそばに社殿を建てて信仰していましたが、明治に入るとその社殿は土佐藩蔵屋敷とともに彼が譲り受け、つくり替えを行って三菱創業の地としたほどです。つまりは稲荷神社の神様を三菱の守護神とした

COLUMN.4

のです。明治7年に本社を東京に移すことになった際にも、土地は大阪市に譲渡しましたが稲荷神社だけは決して手放しませんでした。

そして東京へ進出したときに頼ったのが神田明神です。ご祀神のオオクニヌシとスクナビコは、まだ荒れていた地上世界をまとめ上げ治めるのに活躍した神様コンビ。新しい地で事業を成功させ、経済界を治めるために力を借りたのでしょう。

このように彼は、その時々の願いに相応《ふさわ》しい神様を選び、崇敬したのです。これこそガガの言う「神様に願いを叶えてほしけりゃ、その神様のことを知れ！」を実践していると言えます。

そしてそのときに力を貸してくれたのが現在、神田明神と旧岩崎邸のあいだに位置する湯島天神にいる3柱の白龍です。ガガの先輩です。神様を理解し、崇敬する心に龍神が引き寄せられたのです。「よおし、コイツに力を貸してやろう！」と白龍の心が動いたのです。

龍神に助けられるようになった彼の勢いは、目を見張るものがありました。初めの海運業だけでなく、政府とのつながりを利用し鉱工業など他業種へも積極的に参入、あっという間に政商から日本有数の財閥コンツェルンへと発展をとげる基礎を築き上げました。

このように突然、すごい勢いで活躍を始める人は、龍神が付いていることが多いそうです。そして彼も龍神に付かれるきっかけは神社でした。だから僕たちも龍神に付かれるためにと聞かれたときは、「まず神社へ行け」と言うのです。日本には約8万社もの神社がありますから、だれにでもチャンスはあるんです。僕たち自身もそうだったように。

第3章

龍神が力をくれる理由。
神社×神様×人間の驚きの仕組み

神様界との窓口、産土神《うぶすながみ》に会いに行け！

僕たちは長い石段を登り、後ろを振り返る。階下には仙台の街。遠くにはうっすらと青い海。

僕たちは妻ワカの産土神であり、氏神様でもある神社に来ていた。発端は今朝の話だ。

「おい、おまえら。産土神って知っとるかね？」

ガガが問いかけてきた。

「うぶすながみ……ですか？」

「さよう。産土神は生まれてから死ぬまで、おまえのことを守ってくれる神様だがね。産土神は生まれた土地で決まり、ずっと変わることはない。ちゃんと義理を果たしとるんだろうな？」

ドキッ。ぶっちゃけそんなこと気にしたこと、ない。僕の生まれた町にも近所に神社があった。僕の産土神様はきっとあの神社だと思う。

「まさか……おまえら、産土神も知らんってことは、ないよな？」

ガガが怒りに震えるような、そして呆れるような口調で言った。僕にはガガの声が聞こえないので、妻を介しての会話でも雰囲気は伝わってくる。

やばい……僕たちはたしかにガガの言う通り、近所に神社があっても意識どころか感謝の気持ちもなかった。あるといえば、初詣に「お願い事」をしに行くくらいだ。都合の良いときだけ来て、お願い事だけして帰られたのでは神様だって面白くないだろう。

「まったく。おまえらには、ホントに呆れるがね。これは本当に基礎の基礎から叩き込まなきゃならんな」

「が、頑張ります」

「じゃあ、これからなにをすればいいかね？」

「はい。まずはワカの産土神様にご挨拶に行って参ります！」

というわけで。

愛宕神社《あたごじんじゃ》。ここのご祀神はカグツチという神様だ。十和田でガガに参拝の仕方を習ってから、その神社の神様や由緒を調べるようになった。ちなみにこのカグツチは実に気の毒な神様である。火の神ゆえに出生時、母神に大火傷を負わせて死なせてしまう。しかもそれを嘆き悲しんだ父神に、こともあろうか生後間もないカグツチは切り殺されてしまうのだ。

「母を死なせて、父に殺され……なんて気の毒な神様なんだ」

いたたまれん。

「でもさ、日本の神様って優しいよね」

妻が言った。

「だってさ、カグツチは火の神ゆえにお母さんを死なせたり、お父さんを殺人犯（殺神犯？）にしちゃったわけじゃない？」

「そうだよ。カグツチはなにも悪いことしてないのに」

「それで同じように『火』の災いで悲しい思いをする人がいないようにって、『火難除け《かなんよ》』の神様になって守ってくれているんでしょ？」

「まーね」

「私だったら、くそー、なんで自分だけこんな目にって思うよ。どんだけ人がいいんだか」

だれもが言い出しにくいことを歯に衣着せず言う我が妻、ワカ。

そう思ったらカグツチに対して妙な親しみが湧いてくる。もしかしたらこの感覚が大事なんじゃないだろうか？　僕たちは神様は崇高なものだという意識が強い。でもこうやって神様を「知る」ことで、どこか人間くさい親しみを感じて、純粋に「好き」とか「ちょっと気の毒」とか普通の感覚を持ったりする。ガガが「神様のことを知るのが大事」と言うのはそんな意味なのかも？　ふとそんなことを考えた。

そして僕たちは心を込めて手を合わせた。この神社は仙台の街を守ってくれている総鎮守でもある。生まれてから妻を守ってくれてありがとう、そして僕たちの街を守ってくれてありがとう。

感謝の気持ちを込めて祈った。その瞬間、一陣の風が吹き抜けていった。

「さて、おまえら。次の問いだ」

「ええ、まだあるの？」

「黙るがね。産土神と氏神の違いを答えろ」

「え？　わ、わ、わかりません」

「お……おまえら……」

たぶんガガはワナワナ震えているに違いない。もうここまできたらどれだけ呆れられようと構うもんか。徹底的に教えてもらうほうが得だ。聞くは一時の恥、聞かぬは一生の恥である！

「なにが違うのかわかりません。教えてください」

僕は頭を下げた。

「……産土神は生まれた土地で決まり、変わることはない。しかし氏神は、その土地に住む者を守る神様だ。だから住まいが変われば氏神も変わる」

「産土神様は変わらないけど氏神様は変わることがある、ってことですか」

「んじゃ、私は産土神様と氏神様は同じだ。だってずっとこの土地に住んでるもん」

僕は思った。ガガに運気の底上げと言われて浮かれてたけど、僕を守ってくれている神様のことを忘れていた。まずは僕がお世話になっている神様にお礼を言って、そこで初めてスタートラインに立てるんじゃないか？　だからガガは突然、「産土神」とか「氏神様」の話をしたのではないか？

すぐに気仙沼へ帰った。自分の産土神様に会いに行きたくなったのだ。ガガに出会ってから自然と神様を身近に感じるようになっていた。もちろんそこに「畏れ」「敬い」という気持ちはあるが、それに加えて親しみの感覚が芽生え始めている気がした。

僕の産土神は、僕が生まれ育った家のすぐそばにある五十鈴《いすず》神社《じんじゃ》だ。5年前の津波でほとんど建物はないが、高台にある神社は無事で、いまでもこの港町を守ってくれていた。五十鈴神社のご祀神はアマテラス。日本の最高神として伊勢神宮に祀られている女神。

僕は拝殿の前に立つと、自分がこの町で生まれ育ったこと、18歳でこの町を出てからのこと、いまどこでなにをしているか、そしてこれまで挨拶に来なかったことへの謝罪、思い浮かぶままに話をした。境内に響く波の音。ザザ、ザザザ……。風で揺れる木々の枝間から差し込んでくる太陽の緩やかな光が、まるで聖域をつくってくれているかのようだった。なぜだろう。話しているうちに、涙が溢れてきた。40歳を過ぎるまで産土神の存在も知らずに、挨拶にも来なかったことで、怒られることを覚悟していた。でも違った。

「やっと来てくれたね。また会えてうれしいよ」

その声は不意に心に降ってきた、ストンと。え？　なに？　また会えて？　その瞬間、ブワッと風が吹いた。蘇る記憶。

……そうだ。僕はここに来た。ずっと昔。あれは七五三だったのか、晴れ着を着ていた。僕の健やかな成長を願って、家族がここにお参りに来てくれたのだろう。千歳飴、抱き上げてくれる父の腕、鈴のような母の笑い声。空は青く澄み渡り、海風が気持ち良かった。なんでいままで忘れていたのだろう。

「これまでごめんなさい。そしてただいま」

そのとき、僕はようやっとガガの教えを聞くための準備が整ったと感じた。

しかも、驚いたのは僕の産土神様の神社の境内に龍神社があったことだった。別称が海神神社《かいじんじんじゃ》となっているので、水を司る龍神に海での安全を祈ったのだろう。その御社《おやしろ》には多くの龍神が彫られていた。なんと僕は生まれたときから龍神とつながりがあったのである。

龍神の教え⑥

生まれてから死ぬまでずっと守ってくれる神様がだれにでもいる。その存在につねに意識を向けるべし。

神棚を祀る。これが神様と仲良くなる一番の近道

「ところでガガ」

横でさめざめ涙を流す（ついでに鼻水も）僕には触れず、ワカが口を開いた。

「なんだね」

「私やタカは近くに神社があって、直感で『ここだ！』って思ったけどさ、自分の産土神様がわからない人ってどうすりゃいいの？」

「神様は融通が利く。我が名前はいらんと言ったように、神様も自分が何者かはわかっておるのだ。だから人間が『産土神様ありがとう』って心で言えば、ちゃんと祈りは届くがね。家に神棚があれば、そこで産土神様への感謝を伝えれば神棚の神様がその声を届けてくれる。神様界にもネットワークがあるのだよ」

「じゃあ、家に神棚があると神様に願いが」

「俄然、届きやすくなるがね」

ガガは当然のことのように言った。

「我々龍神だって、神様だって、『どうぞおいでください』と言われれば喜んで行く。家に神棚があるということは、その家は神様を歓迎しているということだからね」

「心で思うだけじゃなく……」

「行動で示されれば、神様だってうれしいのは当然だがね」

「じゃあ、神様や龍神と仲良くなる方法はと聞かれたら？」

↑こんな感じでOKです

「一番は神棚じゃないかね？　昔はどの家にも神棚があったから神様はどの家にもおったのだよ。我々龍神も家に出入りしやすかった」

「神棚があると自然と神様の存在も意識するわね」

「見える形であるわけだから人間もより一層、我々を意識してくれるのだ。人間に我々は見えんからね」

神様に声を届けるためには、家に神棚を飾るのが一番の近道です。最近ではマンションのように神棚を設置できるスペースがないところも多いですが、大それたものでなくても大丈夫。神札をお飾りするだけでも構いません。

龍神の教え⑦

神棚があると、神様への願いの届き方が俄然変わります。

「へえ。神棚さえあれば、だれでも気持ちを届けることができるなら便利だ」

「いや、ワカ、便利って言い方は」

僕らがもめていると

「ええい。それよりもだね」

ガガは強い口調で言った。さあ次はなんだ？

「な、なんでしょう？」

「チャーハンのことだがね」

「……は？」

「おまえ、さっき食ったろ、チャーハン」

「あ、はい。サービスエリアで」

「なんでチャーハンは丸いんだね。そもそもチャーハンはどんな味なんだね。食べてみたいがね！」

「いや、チャーハンって……。ってか龍神ってチャーハン食べれるんですか？」

「食えるわけないがね。我々は人間のワクワクした魂を食うと言ったではないか！　おまえ、聞いてないのかね？」

ガガは時々、わけのわからないことを言い出すことがある（笑）。

この龍神様はどこまで本気で言っているのだろう？

「そもそもチャーハンはなぜ丸く盛られているのか、すぐに調べるがね！」

ガガ節《ぶし》は続く。せっかくいい感じで感慨にふけっていたのに……と、思いつつも少し楽しい気持ちになっていた。龍神社から見える海は青く澄み渡り、ただ美しかった。

地球だって生きている。人間目線だけでは見誤る

「ところで、おまえはこの町で育ったのかね？」

太陽の光でキラキラ輝く海を見ながらガガは言った。

「そうです」

僕の育った町ではあったが、もうそうではない。いまでは景観が一変した街並みを見ながら返

事をした。街並みとは言っても津波でほとんどの建物は流され、仮設のプレハブがぽつんぽつんと建っているだけ。工事車両が土煙を巻き上げながら走っていく。

「ここまで流されてしまったのだな」

「そうだよ、見事にね。なんで津波なんか起こったんだろ」

シーン……。

「あの、ガガさん」

「なんだね？」

「この町を襲った地震や大津波のように、一瞬にして多くの命が失われることがあります。亡くなった人のなかにも龍神や神様を信仰して守られていた人もいただろうに。でも……」

僕は言葉を切る。

「でも犠牲になるヤツもいる……。納得いかないって言いたいんだろ？」

一瞬の間があった。

「厳しいことを言うようだけどな」

妻を通して、ガガは静かに語り始めた。

「起こることすべてに意味がある」

「すべてに意味？」

「え〜、そんな！　この災害にも意味あるってこと？　冗談じゃないわよ」

「もちろん災害が良いとは言わん。だが、おまえら人間だけの目線で見とらんかね？　龍神のように見えない存在でさえちゃんと存在するのだ。ならば実態のあるこの地球が〝生きている〟のは当然のこと。呼吸もすれば、屁もするがね」

「屁ですか⁉　どういうこと？」

ガガのたとえは味がある。

「昔、ヨーロッパで大きな火山が爆発して町が消えたそうだ」

「あ、ヴェスヴィオ火山だっけ？　タカ、火山好きだよね」

「うん。ポンペイという町が飲み込まれて多くの人が亡くなったんだ」

「名前なんかは知らんがね。じゃあ、おまえその土地はいまどうなってると思うかね？」

「たしか……火山堆積物により農業最適地になって、いまではワイン用ぶどうの一大産地になっているって」

うろ覚え。

「さよう。災害には大きな視点で見たときに結果として良い面と悪い面、どちらもある。「人が死んだ」視点だけで見れば「悪いこと」だが、いま現在そこでぶどうづくりをしている人間にとって、火山の爆発がダメだったとは一概に言えん」

「そうかもしれませんけど」

「そしてそのぶどう酒を飲んで、幸せを享受しとる人が世界中にたくさんおるわけだ。火山灰で土地も肥沃《ひよく》になった。火山の噴火や地震は地球が呼吸していれば仕方がないことだ」

「地球が呼吸……」

「地球に動くなというのは地球に死ねと言ってるようなものだがね。とはいえ、人間が傷ついていいわけはない。地球も人間も自然も神様も、みんなできるだけ傷つかぬようお互いうまく気遣って調和を図っていく、我々龍神はその手伝いをしているのだ」

僕は自分の呼吸を意識してみた。吸って、吐く。吐き切って、いっぱいに吸う。吐くだけでは呼吸にならないし、吸うだけでも呼吸はできない。つまり、両方がなければ「生きられない」のだ。災害や天変地異は、地球という星が生命体として生きるために必要という意味なのだろう。

「1999年に世界滅亡」の予言が外れたノストラダムスの真の目的とは？

「おまえ、天変地異は怖いかね？」

「そりゃ怖いですよ」

「なにが怖いのだね？」

「なにってそりゃ……」

僕が怖いのはなんだ？　正直、答えに迷う。

「死か？」

さすが龍神。単刀直入だ。死はなんだかんだ言っても怖い。

「やっぱり死ぬことが、人間最も恐れることじゃないでしょうか？」

「私は死よりも、そこに至る恐怖を味わうほうが怖い！　恐怖、恐怖症」

ワカが言った。死生観は人それぞれだ。だけど、天変地異が怖いことはみんな同じだろう。

「じゃあ聞くがね。天変地異が起きなければ人間はどうするかね？」

「そりゃ安心だよ、いつ地震来るかってビクビクしないで済むもん。防災セットもいらないし」

「でもそれと同時に……」

言いかけて僕は言葉を止めた。

「なんだ？　最後まで言うがね」

「……一生懸命生きなくなると思います」

「ほう、その通り。いつどうなるかわからないから、皆一生懸命に生きるのだよ」

ガガは続けた。

「我々はつねに地球全体の良い状態を願っている。しかし、龍神が長く人間を見てきて出た結論がひとつだけある。それは『安心は時として毒となる』ということだ。人間はいったん安心すると、そこから先に進まなくなってしまう」

それは僕たちにも思い当たることがあった。繰り返しになるが、ワカはいろいろなことがわかってしまう能力の持ち主だ。だから人の未来が見えることがある。しかし、相手がそれを理解していても決して口にしないし伝えない。それはある体験を通じて僕たちが決めたことなのだ。

景気悪化のあおりで会社をクビになりそうな友達がいた。彼は会社に残りたいと訴えて、必死に成果をアピールした。そのとき、ワカには彼が会社に呼び戻される場面が見えたそうだ。これまでの功績と努力が効くからこのまま頑張れば大丈夫と、彼を安心させた。

ところがである。その瞬間、未来が変わってしまった。なんと彼は「俺はどうせ呼び戻されるんだから」とアピールをやめ、仕事も手を抜くようになったのだ。一生懸命やらなくなった彼は、間もなく会社を去ることになった。

こんな経験は何度かある。最初の失敗で人を見極めなきゃと思った。だから、その後は人間性を見て安心させた。でもそのなかの何人かはダメだった。

大丈夫って言われたから努力なんてバカらしいって、すべてのことに手を抜き始めた。人間は安心してしまうと、とたんに変わってしまうことをそのとき知った。そして、ワカは未来を伝えることを一切自分に禁じた。だって未来は意識ひとつで簡単に変わってしまうのだから。

だから、例えば僕たち夫婦はノストラダムスはすごい予言者だと思っている。彼の時代のままではきっと、本当に1999年に世界は破滅していたのだろう。でも、彼はその予言で世界中の人間の意識を変えた。戦争が起きるかもしれない、自然災害かもしれない、そういう危機感を持ってひとりひとりがその予言を回避したいと強く望んで行動したのだ。結果、世界を救うことができたのであれば、ノストラダムスはなんと偉大な予言者なことか。

巷《ちまた》では予言が当たった、外れた、で判断する評価が大半だ。ノストラダムスの予言の的中率を計算している人までいる。でも、悪い予言というのは回避させるために言っているのではないだろうか？　だからこそ大きな災害や破滅を暗示する予言が外れたのであれば、人間が悪い流れを変える行動を取ったんじゃないか。だから世界の未来を変えたノストラダムスはすごいのだ。ノストラダムスの真の目的はきっとここにあったのだ。

それを知ってから、僕はおみくじなどの未来メッセージを受け取っても「道しるべ」くらいにしか考えない。良い未来メッセージなら、いまの努力の仕方でこのまま頑張ろう。もし悪くても、ちょっと考え直そう、方向性を変えるんだ、という具合に。

つまりは人間の意識で未来は簡単に変わる。そして多くの人間は、努力を怠る悲しい習性があるということだ。でも裏を返せば、自分の望みにかなった道をつくれる。だって未来は自分の意思で変わるから。

僕はエンジニアだった時代を思い出した。自分がこういう製品にしたいと思ったら、それに向けて設計図を描いていく。製品の形は自分の思いのままだ（もちろん「売れる」という前提だが）。それは自分に主導権があったからできたことだ。

自分の未来への主導権は自分。だれになんと言われようと、その未来を自由に書き換えられるのは自分自身でしかない。だから楽しいのだ。じゃあ好きな未来設計図を描けばいいじゃないか。好きなだけ。

龍神の教え⑧
未来は自分の意思で変わる。好きな未来設計図を描くべし！

人は前世のやり残しを片付けるために生まれてくる

「おい、これはなにをやっているんだね」

海沿いに積み上げられた砂やコンクリート片を見て、ガガが僕に聞く。

「これは堤防という、いわば壁をつくって津波を防ごうとしているんです」

「なに？　津波を防ぐ？　海の向こうが見えんのではないかね？」

「まあ、そうなんですけど。でも、壁で防ぐつもりなんでしょうね、はい」

僕だってこんなのに金かけてどうすんの？って思う。

「それで人間は安心するのかね？　自然を人間の力でコントロールできるのかね？」

「できるわけないじゃん！　歴史が証明してるでしょ。ああもう、こんなこと考えたヤツ本当にバカ！」

「お、おまえ、すごいことをあっけらかんと言うがね」

何度でも言う、妻は本当に歯に衣着せない。

「でもこれも人間の努力なんでしょうからね」

「我々はその人間がやりたいことを『良い』と判断したら、ただ後押しするだけだ。だが、一生懸命に生きんヤツは助けられんよ」

ガガはそう言うと僕らに聞いた。

「冷たいと思うかね？」

「まさか。頑張る人を助けてくれるんだもん、全然冷たくないよ」

「うん。神様も龍神もいわば『処方箋《しょほうせん》』ですよね。どんなに効く薬でも、本人が病気を治す努力をしなければ治らないのと一緒な気がします」

「おや、おまえ、少しは頭が良くなったようだね」

こんな場面でもイジリを入れてくるあたり、さすがだ。

「もちろん龍神だって神様だって、気づいてくれる人間にはいつもメッセージを送っとるがね」

「大きな災害や事故のとき、必ずいますよね、『たまたま乗り遅れて助かった』『突然予定が変わってほかの場所にいた』っていう人」

「まさに私！」

「そういうヤツは神様からのメッセージを的確に受け取っておるのだよ」

そう言うと、ガガは少し考えるように間をおいてから続けた。

「魂はな、それはそれは壮大な旅をしておるのだよ。そのあいだで肉体という衣があるのはほんの一瞬だ。だからその一瞬、つまり人間として生きているあいだの目的を持ってだれもが生まれてくるんだがね、それも自分で選んで」

「自分で選んで？　どういうことですか？　この父親、母親の元に生まれようとか、この環境に生まれようとか、つまりそういうことですか？」

「さよう。よく親に『生んでくれなんて頼んでない』とかいうヤツがおるが違うがね。覚えてないだけで自分でそこに生まれてきておる」

「嘘でしょう？　信じられないな。なんのためにです？」

「前世でやり残した課題をクリアするためだがね」

なんだか大変な話になってきた。

「例えば、前世で大切な人を見捨てて自分だけが助かったヤツがおるとする。そいつの心には『大切な人を見捨てた』という後悔が残る」

「もしかして、その後悔を懺悔《ざんげ》しに生まれてくるとか言わないでよ」

「その通り。懺悔とまではいかなくても、だれかを助けたいという魂で生まれてくる。後悔を払拭《ふっしょく》するためにな。その本当の目的を達成するまで、ずっと続く。本人は覚えてなくても魂には刻まれている」

「じゃあ、そういう人がもし災害に遭ったら……」

「自分の命を顧みずに他人の命を救おうとする。その人間の魂が自らの成長と満足のためにした行動であれば、我々もそれを止めることはできんがね。その人間が望んだことだからだ。前世からのカルマに関しては我々も手は出せん」

「いい人ほど早く死ぬ」は事実。神様に救われた魂の行き先

「それにな……」

ガガは一層身を乗り出して、大きな顔を一直線に僕に近づけて……、人間ならそういう感じの描写だろうか。そんな空気を漂わせながら言った。

「いいヤツほど早く死ぬって言わんかね？」

「あ、聞いたことあります。早く亡くなる人は魂のレベルが高いって本で読んだ気が……」

「それは事実だがね」

いい人は早く死ぬ？　え、本当に？？

「この世を出ていく、つまりおまえたちの言う「死ぬ」ってことは魂的には良いことなのだ。人間には肉体や感情があるから怖いだろうがな。この世はゴチャ混ぜ、天国行き地獄行きの魂が一緒くたに生活しておる。同じ釜の飯だよ。そのなかで生活するのがいわゆる魂の修行だ。だから志の高いヤツの魂は修行が早く済む。この世から上げてやるのは、神様の計らいでもあるがね」

「早くこの世を卒業させてやろう、救い出してやろうってこと？」

「さよう。レベルの高い魂は、この世に長くいると消耗して疲れてしまうのだ。だから消耗が少ないうちに上へ戻して、次に生まれ変わるときにまた人間界で活躍してもらおうという神様の要

望でもある」

「……ってことはもしかして……？」

「気づいておったか。コイツ（ワカ）もそうだがね」

「私、そんないい人じゃないけど……。でも、自分が大人になったときのビジョンは全然見えなかった」

こういう話をワカを介してしかできない自分が歯がゆい。しかし、ワカはさも割り切った顔で淡々とガガの言葉を伝えてくれる。

「こいつはもっと早い段階で上に行く予定だったのだ。神様もそれを望んでいた。しかし、昔出会った猫のために生きる決断をし、そしておまえと出会って生きる選択をした。それも魂のレベルで。だから神様もその本当の意思を尊重し、後押ししたのだ。そうやって運命を変えたのだ」

自分がいないとこの人はダメだ、と思ってつらいこの世の修行を選んでくれたのなら、僕はなんて情けないヤツなんだろう……。目の前に広がる波の音が僕の耳に空しく響いてくる。僕はしっかりしなきゃいけない。もちろんそれで安心して上に行かれては困るんだけど……。ワガママだが、それが生きている人間の心理だ。

きっとこれまで亡くなった人たちのなかにも最後まで他者のため、そして魂の成長を選んだ人もたくさんいたのだろう。遠藤周作の『沈黙』が映画化されたが、あれはキリスト教が弾圧されていた時代に自分の信仰を信じて殺されていった人たちの話だ。もしかしたらその人たちは、自分が心から信じたことに忠実に生きることのできた崇高な魂の持ち主だったのかもしれない。だとしたらその魂は神様に救済され、次の時代に生まれ変わって活躍していることだろう。現代の人間の感覚で「死ぬ」＝「悪いこと」とは一概に言えないということなのだ。

「それでも他者を愛する人間、自分の心に忠実な人間は、龍神も神様も好きだから守りたいとは思うがね。同じ死ぬのでも、苦しませるのは忍びない。でもそういうヤツに限って他人のため、自分の心のために我々神様の制止まで振り切って突っ走ってしまうのだ」

「あー、思い出した」

思い当たることが多すぎる。

「ワカも子供のころ、目の前で犬が轢かれるのを見て後先考えずに飛び出して、気がついたら服を犬の血で真っ赤にしながら必死に運んだって言ってたよね」

「だから目の前で事故とか起きると困るのよ。だってその瞬間、勝手に身体が動いちゃうんだから」

こういうところ、本当に妻は危険なのだ。僕は妻の「気がついたら駆け出している」病を何度も見ている。これまでは無事だったからいいものの、ちゃんと自分のことも考えてくれよ。

「得てしてそういうヤツは神様に好かれるのだよ。だが、そういうヤツの次の課題は『自分を大事にする』ことだがね。自分が危険な目に遭うことで、周りが悲しむことを学び覚えなければならん」

ほら、やっぱり！

「何事もバランスですかね。周りの人を大事にするのは良いことだけど、その周りの人の願いはその人が元気でいることだったりする。そういうバランス」

「その通り。そうやって壮大な魂の旅を経ながら人間は成長していく。あとは子供を大切にしなかったヤツが、今度は親に大事にされない環境に生まれることもあるがね」

「ははあ、因果ってやつですね」

「だからそれを払拭するために成長しながら生きる。それを『なんで私ばかり』と愚痴しか出ぬヤツには龍神は付かん。その環境を恨まずに問題を正面から乗り越えようという強さを、我々は助けるのだよ」

「そっか。魂の観点から見たら『死んだからダメ』『嫌な環境だからダメ』とは単純には考えられないですね。たとえ早く死んでもそのあいだに大きく魂を成長させていれば、魂の旅全体では大きな前進だと思うし。魂の旅とカルマか、そこんとこ、すごく興味深いです」

なんという壮大な話だろう。いま、ここにいる僕は僕の魂が選んで生まれてきたなんて。そしてワカも。

龍神の教え⑨

壮大な魂の旅をしながら人間は生きていく。自らの環境を受け入れ、魂を成長させよう。

「魂を成長させ続けなければいけない理由がわかりました。正直、ずっと頑張り続けなきゃならないなんてつらいなあって思ってたもんで」

「まったく罰当たりなヤツだがね。おまえ、最初に言ったことを忘れたのか？」

「あ、安心は時として毒となる話ですか？」

「おまえ、ダイエットしたことあるかね？」

「ありますよ。大学卒業して一気に太った時期がありましたから」

「なら、わかるだろう。例えば、５キロ落とそうと努力し、減量に成功したとする。さて、そこで努力をやめたらどうなるかね？」

「たぶん元の体重に戻っちゃいますね」

「さよう。体重を減らした状態を維持するには、必ずある程度の努力はし続けなきゃならん」

「たしかに」

「人間は意思が弱い生き物だから世の中の誘惑に負けることもある。楽をしようと思えばいくらでもできる。だから『つねに成長したい』という意識が芽生えて初めて高い位置を維持できる」

「つねに努力し続ける。その気持ちが高いレベルを維持する秘訣」

「これでいいやと安心するのは、すでに後退の始まりだがね」

「たしかにリバウンドって言葉がそれを証明してますね。安心は時として毒になる……か」

僕も肝に銘じよう、そう思った。

「我々だってなにが一番正しいかなんてわからんがね。そもそも人間がなにを望んでいるのか、人間自身だってわかっとらんのかもしれんしな。でも我々龍神はよりウマい魂を求めて、成長したいと望む人間を助ける、ただそれだけなのだよ。人間が成長したいと望み、行動する限り、我々はその人間を助けるのだ。龍神もそんな人間に助けられている存在なのだからな」

宗教と信仰。龍神の見解は？

僕の一日は新聞を読むことからスタートする。県議会議員選挙に立候補したことで、社会の動きを細かくチェックする癖がついた。

トーストをかじりながら、ザッと記事に目を通すと気になった記事を細かく読み込んでいく。国際面でふと目が止まる。

「また紛争か……」

妻が起きてくる気配がした。もちろんガガも一緒である。

「タカや。おはよー」

ワカが「おまえ」じゃ、どちらを指すのかわからんから名前を呼べとガガに要求したら、ガガは僕を「タカ」と呼ぶようになった。なぜかワカのことは相変わらず「おまえ」呼ばわりのままだけど。

「おい、タカ！　アレはどうなったかね」

「え？　え？　なんですか？」

「おまえ、忘れたのかね！　チャーハンの謎は解けたのか？」

「あ、チャーハンがなぜ丸いかってことですか？」

朝からまさかのチャーハン話。先日、僕の故郷で問われた質問を僕は適当にごまかしていた。まあ、たいしたことじゃないし、たかだかチャーハンだろ？　だがしかし……

「当たり前だがね！　早く答えを見つけるがね」

ま、まさかそこまでチャーハンにこだわっていたとは。この龍神って……龍神といえば中華料理の丼にも描いてあるから、中国に関係が深いのだろうか？

「ちゅ、中華料理は見た目も重視しますから、おそらくチャーハンひとつでも形にこだわっているのではないかと……」

得意の知ったかぶりをかます。たかがチャーハン。盛り付け方なんてどうでもいいだろう。しかし、

「日本料理だって見た目を重視して華やかに盛ってるがね。日本料理の彩りは美しいがね。チャーハンとは違うがね！」

と、まさかの日本びいき炸裂。なぜそこまでチャーハンにこだわるんだ？　それは謎だが、ここはなんとか話をそらさないと……。とにかくガガはしつこい。

「ガガさん」

こんなときは逆質問に限る。

「なんだね！　わかったのかね？」

「宗教ってありますよね。龍神のガガさんから見て宗教ってどうなんですか？　どの宗教が正しくてどの宗教がダメとかってあるんですか？」

純粋な疑問だ。世界各地で紛争の原因となっている宗教問題。でも、それぞれの宗教の宗教家たちがそれを望んでいるとは僕には思えない。釈迦やキリスト、ムハンマドに空海、最澄、親鸞

などそれぞれの偉大な宗教家が実際に会って話をしたら、果たして殺し合うだろうか。いや、結構仲良くなりそうな気がする。おまえ、なかなかいいヤツじゃん！」みたいな。

もちろんただの妄想だけど、言っていることの根本は同じだと思うから。

宗教の基本理念はみんな一緒で、その国や民族などの文化に合う形で変化していっただけなんじゃないかと僕は思う。つまるところ目的は同じなんだから、争うこと自体おかしいんじゃないかと。

実は日本の神道がすごいと感じた理由はそこにある。神道は宗教ではなく文化、つまりカルチャーだ。だからわざわざ人に広める必要もなく、教義もない。八百万《やおよろず》の神という概念も、すべてのものに感謝するという日本人の心性を表現しているだけだ。だから外国から仏教が入ってきたときに寛容に受け入れただけでなく、良いところはどんどん取り入れた。実は神社というつねに神様がいらっしゃる場所をつくったのも、仏教のお寺を真似たものである。それまで神道では、神事のときに神様が宿る場所をつくり、神事が終わると壊すのがつねだった。だから文化としての神道を知ろうと、古事記の研究を始めたのだ。

果たして龍神はこう答えた。

「ふん。自分で選んで信じているなら、なんだっていいではないか」

「え？　じゃあ、別にどの宗教も正しいと？　でもですね、なかには怪しい新興宗教だとかそういうのもあるじゃないですか？」

どれでもいいと言われると、僕もついつい反論したくなる。

「あるある！　壺買えとかハンコ買えとか！　こないだも友達がさぁ……」

「まったくおまえらはホントにバカ夫婦だね。我はそんなこと言っとらん。我が言ったのは『信仰』は良いということだがね」

「意味がわかりませーんっ。あ、痛いっ」

ワカ、ガガに引っ叩かれる。

「人間はなにかを信じたり頼ることで強くなれる。そもそも見えないものを信じる心がなければ、我々龍神だって存在できん。だから『信仰』は良い。しかし、人間の言う『宗教』となると実にやっかいだがね」

「信仰と宗教？　どう違うのよ？」

「僕だってわからない」

「わからんヤツらだ。信仰と宗教は大きく違う。なにかを信じて救われる、その信仰は良いのだよ。なにを信じるかは自分自身が決めればいい。そして信じることで心を救う。例えば龍神を信仰して幸せならば、それでいいではないか。だが、宗教になると他人の信仰に口出ししだす。『これを信じろ！』『この教義が正しい！』という具合にだ。挙句の果てには他人が自分に従わないと攻撃し始める」

「宗教戦争ってことですか」

「さよう。いいではないか、だれがなにを信じようと。自分の信仰は自分で決めるものだろう。それを他人に押し付けて、受け入れられなければ否定するのはいかがなものかと思うがね」

「そうだよなー」

「日本の神道には教義がない。だから押し付けることもせん。それぞれがそれぞれの解釈で信仰する。祈りの数だけ神様がいる。ここは八百万の神様の国だ。その受け入れの心性に我々龍神も引き寄せられるのだ」

「めっちゃわかる。ガガも最初っからそう言えばいいのに、もう」

「ふん。どうせ我はわかりづらいがね」

ガガはすねたが僕は感激していた。

「いやホント、わかりやすいです。つまり宗教になると『みんなもそうじゃなければダメだ』となり、そこに対立が生まれる。そうか、そういうことか」

ガガの説明で長年の疑問が腑に落ちた。

「しかもいまの宗教は結局金が絡んでおるのだ。だが信仰はビジネスではない」

ん？　ちょっと喉元に、なにかが引っかかるような感覚。僕は眉間《みけん》に皺を寄せて言葉を返す。

「そのお金ですけど、お布施も修行のひとつとしている宗教もあります。それもダメですか？」

そういう宗教もあることをちょうど本で読んだばかりなのだ。

「では問おう。お布施ってなんでするのかね？」

「たぶんそれが修行の一環になって、徳を積めて天国へ行けるようになるとか……、そういうことだと思いますけど」

「お布施とは感謝の気持ちじゃないのかね。感謝は心の内から自然と湧き上がってくるものだ。それが大事なのだよ。これをすれば徳を積めるとか、これをすれば天国に行けるとか。そのためにやるんじゃ意味ないがね」

ガガは続けた。

「信仰も同じだ。例えば、重い病で絶望したときに初めて信じられるなにかを見つけてそれを信仰したとする。それで心に活力が出ればそれでいいではないか？　宗教は押し付けだが信仰は自発的だ。その違いだよ。まったく」

「おあーーーっ！」

突然、ワカが雄たけび（雌たけびなのか？）を上げた。たぶん僕も同じことを思い出していた。

先日、ワカのお父さんが救急車で運ばれる事件があった。事件というと大げさだが、それでも家族にすれば大事件である。結局、数日の入院で事なきを得たとはいえ、本人に「いやあ、参った参った」とゲラゲラ笑い飛ばされると、心配した僕らとしては勘弁してよって感じである。

さて、話はその入院中の出来事だ。お父さんは4人部屋に入ったのだが、隣の患者さんが回復が見込めない長い入院生活で沈んでいたそうだ。それを見たお父さんが、

「あんた、どうしたの」

と話しかけると持ち前の明るさで、

「そりゃ大変だね」

と、お隣さんの話を聞き始め、気づけば周りの患者さんも巻き込んでワイワイと盛り上がったらしい（しかも全員が点滴の管を腕に刺して……想像するとすごい光景だ！）。「病人なんだからちゃんと寝ていてよ〜」という家族の心配をよそにお父さんはどんどん盛り上がり、自分のお守りにしている「龍雲」の写真をお隣さんに見せたんだそうだ。そして、

「これすごいでしょ。龍神様だよ龍神様。これ見るだけでパワーもらえるから！　元気になるから！　大丈夫だから！」

笑顔で写真をあげてしまった。そして退院後、その人から手紙が届いた。驚くべきことに、あれからしばらくして検査結果が突然良化し、退院が決まったというではないか。手紙にはお父さんへの感謝の気持ちと、「龍雲」の写真の力のお陰だと書いてあった。

きっとその人にとっては、お父さんの話と「龍雲」の写真が希望につながったんだろう。よく

わからないけど、大丈夫だと強く思ったんだと思う。病気に負けるもんかという気持ちが湧いてきたのかもしれない。そして結果として身体も元気になり、退院できたのは紛れもない事実だ。ある意味、一番すごいのはお父さんかもしれない、僕はそう思った。

「な〜るほど。我が父は神様をつくり出しちゃったわけか。我が父ながら恐るべし」

僕も言った。

龍雲

「もしかしたら、写真を見て龍神を強く意識したから助けてくれた可能性だってあるよね。龍神は身体の細胞も活性化させてくれるっていうし。自然になにかを信じる。それが大事なんだ」

「たしかに。私たちも龍神が来てくれてから疲れにくくなった。そういえば、タカも毛が生えるのが早くなったよね。毛！」

「毛とか言うな。ちゃんと『髪の毛』って言いなさい、もう」

そんな冗談を言い合いながら、僕はガガが来てくれてから、ワカが前にも増して元気になっているのを感じていた。龍神は人間に力をくれる！

そして僕はガガにした質問の愚かさに気づいた。

「どの宗教が正しいとか、正しくないとか。その質問自体が無意味でしたね。その人の自由で、自分で判断すればいいんだから」

「だから八百万の神なんだがね。そこに転がってる石にも神が宿る国、感謝の心を忘れない民族だから我々龍神も日本が好きなのだ。そして龍神を意識する人間が増えれば、我々も俄然やる気が出る。仮に我々龍神でなくても、日本にはたくさんの神様がいる。おまえらの想像なんかはるかに超えるくらいのな」

「古事記に出てくるだけでも321柱もいらっしゃいますよね！」

そう僕が言うとガガが、

「なにっ！　321柱もいるのかね？　そりゃ本当かね！」

とまさかの逆質問。知らねーのかよ、龍神のくせに……（笑）。

「に、日本書紀や各地の伝承など含めると、もっともっといますけど……」

「我はそんなにたくさん会ったことないがねっ！」

まったく、どこまでもいい加減な龍神様だ。僕がそう思っていると、

「ややっ！　それよりもチャーハンだがね。おまえ、すぐに謎を解くがね！」

やっぱり覚えていたか……。僕は仕方なくチャーハンの謎を聞いて回ることになった。答えを出すために動く。そういう努力が必要なんだという。これが本当に意味を持つのかはわからない

が……。

そう思っていると、ガガの気配がなくなっていることに気づいた。

「あれ、ガガは？」

「なんかチャーハンを研究してくるって飛んでいった」

「……」

龍神の教え⑩

心の声に耳を澄まし、信じるものを自分で選ぶ。信じる心に神様は宿る。

第4章

実践！ 龍神とつながるための条件をクリアしよう

龍神的「運」の貯蓄術

気になる……。僕は一度気になると、どうにも無視できない性格なんである。

部屋の隅のわずかなホコリに気がついた。でも、ワカはつねに掃除をしてくれている……はずである。はずではあるが、ホコリというものは心のモヤモヤのように気がつかないうちに溜まるものなのだ、意外なところに。テレビの周り、ソファの足元、一度気になりだすと大掃除に発展してしまう悪い癖が僕にはある。

そんなわけで、まだ寝ているワカのことは気になったが我慢できずに掃除機をガタガタ。「ここだけここだけ」と、スイッチオン。ブオーンっと身震いしたあとで、小さいけれど頑張り屋の掃除機は溜まったホコリを健気に吸い上げてくれる。一カ所やりだすとその周りまで気になりだして、どんどん範囲が広がることはないだろうか？　僕はそのタイプで、最後は両手でゴシゴシ雑巾がけまでして、ようやく気持ちが落ち着くのだ。ううむ、今日もやりだすときりがないぞ。

そう思いながら、窓を開けて換気をしていると、

「おそよう～」

と眠い目をしょぼしょぼさせながら、ワカがフラフラと起きてきた。もう昼前。

「タカ、おは～」

「あ、ガガさんもおはようございます」

「ふうん。掃除とはいい心がけだがね」

「いやあ、そうですか」

「へ？　私もちゃんと掃除してるんだけど？」

「あ、別にキミの掃除が雑だってわけじゃない。ただ僕的にはもうちょいイケるだろって思うだけで……」

果たして僕は取り繕えているのかいないのか。上手く切り返せる頭が欲しい。

「雑で悪ぅござんした」

冷蔵庫からミネラルウォーターを取り出すと、ワカは台所の端に座ってコクコクと飲みだす。彼女の定位置。端っこが大好きでどこに行っても彼女は端を好む。まるで野良猫のようである。

「おまえら、掃除ってどういう意味あるか知っとるか？」

ガガが唐突に聞いてきた。

「意味って。汚いところをきれいにするだけじゃないですか？」

ほかにどんな意味があるんだと思いながら答えるとガガは、

「よく聞け。汚いものが気になるときれいにしたくなるだろ？　いまのタカみたいに」

「はい」

「大事なのはそれを行動に移して実際に汚《けが》れを取ることだ。汚れを祓《はら》うわけだ。この場合の『ケガレ』は本当の汚れだよ。それをきれいにするわけだから、『祓い』の訓練になる。ついでに徳も積める。どうだ、お得だろ？」

「へえ、掃除で徳も積めるんですか？」

「掃除だけじゃないがね。人が見ているいないに関わらずに、人のためにした行為は運の貯蓄になるのだ」

「貯金って響き、いいわね～♪」

「たとえ人が見ていなくても、神様はつねに見とるからね。チェックしとるのだよ。『お、こいつなかなかいいことしたな。10ポイント付けてやろう』という感じだがね」

「すげー。お得な運のポイントカードだ」

「おまえがトイレの掃除をした。あとから来た人が『あ、きれいだな。気持ちいいね』と感じたら、さらにポイントが加算される。ほかの人間の魂を喜ばせたのだからな。神様にとっても喜ばしい」

「じゃあ、ポイントがたくさん貯まるとどうなるんですか？」

「我々が願い事を叶えてやるときに、そのポイントに応じて叶い方のボリュームが変わる。同じ社長になりたいという夢でも、『町の小さな会社』と『世界に展開する大企業』という感じにな。

そのボリュームを決めるのは人間自身なのだよ」

「うーん。人が見ているときこそアピールのチャンスと思っていた僕には目から鱗だな」

「人に見られて真似されれば、徳を積む人間を増やしたということで、これもポイントゲットだがね。良いことするのに人が見ている見ていないは関係ないがね。我々はいつも見とるからな」

龍神の教え⑪

他人のためにしたことは運の貯蓄になる。人が見ていなくても神様はつねに見ている！

運気上昇の鍵は禊ぎにあり

「こないだ『ケガレ』には気が枯れる意味があると聞きましたけど、実際の汚れの意味もあるんですね」

「当然だがね！　そのくらいわからんのかね！」

また口調が強くなって怒りだした。ガガ節健在。ちょっと理不尽なところは、なんとなくだれかに似ている……。

「なにか言ったかね？」

「いえいえっ！　なるほど〜、ガガさんの説明はわかりやすくてありがたいです、はい」

「ふん。そうかね。そんなにありがたいかね」と、まんざらでもない表情。見えないけれど、多分（笑）。この龍神、意外とおだてに乗りやすい。

「素直に聞いておいたほうがいいよ、結構いいこと教えてくれるから」

直接会話ができるワカとガガはもはや運命共同体だ。最近はああじゃないこうじゃない、やり合いながらも打ち解けて仲良くしている。

「元を正せば、そもそも日本の神様も汚れを落としたことで生まれたのだからな」

「あっ、イザナギですね」

僕はガガに言われてから、神社の神様のことをとにかく勉強した。いまこそその成果を見せるときだ。僕だってやればできることを少しはガガに思い知らせてやりたい。

「はいはい。たしかにそうです。黄泉《よみ》の国に行って穢《けが》れたイザナギが川で禊ぎをしてきれいな身体になって初めて、アマテラスやスサノオという高貴な神様が生まれてですね。そんでもってうんちゃらかんちゃら」

さも、わかっていますよとばかりに僕は言った。しかし、

「そんなのどうでもいいがね。タカはいちいち説明が長くてつまらんがね！」

「う、うう」

ひどい。

「とにかくだ！」

この龍神、自分のペースでしか話ができないらしい。それとも僕のトーク力では龍神の気を引けないのか。どうやったら龍神とうまくトークができるのだろうか。龍神コミュニケーション教室というセミナーがあったなら、僕は迷わず参加するだろう。

「よく聞くがね。おまえたち人間はこれがいい、あれがいいと言っているが、そもそも根本がわかっとらんのだよ」

根本？　やはりなにか深い意味が隠されているのか？　その意味がわかれば、幸運になれる法則もわかるかもしれないとセコい考えが僕の脳裏をよぎる。

「それはどういうことでしょう？」

「簡単だがね、心。気持ちの問題なのだよ。あれをやれば運気が上がるとか、幸運体質になるとか、ただやればいいわけじゃないがね。我々からすれば、人間たちが喜んでしとる『風水』なんてものは実にバカバカしいがね」

「ちょっとウソでしょ？　風水って意味ないの？　実際に私、やってるんだけど！」

　昔から風水の効果を知るワカが割って入る。僕も巷でこれだけ広まっていることが意味のないこととは思えない。でもガガがそう言うのだから、なんらかの意図があるはずである。

「だから気持ちの問題だって言っただろ。じゃあ聞くが、同じ風水をやってるヤツ全員が同じように運気が上がっていると言えるのかね？」

「うーん、そう言われるとたしかに。ということは運気が上がる人と上がらない人のあいだに、なにかほかに差があるってことですね？」

　そこでワカがひらめいたように言った。

「O型とB型の人は運気が上がりやすい」

「違う、外れ」

「サッカーより野球が好きな人に風水は効く」

「それも違う。球を蹴ろうが打とうがどっちでもいいがね」

　なんと、龍神はサッカーも野球も知っているらしい。

「ただし、サッカーも野球もそのルールを知らんと成り立たぬものだ。それを風水で言うと」

「わかった。それをする意味を理解してやっているかどうか、ってことですね」

「そう！」

やったぜ、オレ。

「例えばだ。洗面台の鏡をきれいに磨くといいと言われて、AさんとBさんが磨いたとしよう。Aさんは運気が上がり結果が出た。でもBさんは出ない。この差はなにかということなのだよ」

「たまたまじゃないの？」

「黙るがね。タカや、おまえ、そこの鏡を拭けと言われたらどうするね？」

「拭きますよ、喜んで」

即答。

「おまえ、それで終わる？」

「あー、終わらないですね。きっと、その周りも気になって洗面台や、もしかしたら床まで手が伸びちゃうかも」

「それだよ、それ。Aさんはここも拭こう、きれいにしようとした。でもBさんは鏡さえ拭けばいいだろうとそれしかしなかった。実は風水には前提があるんだ」

「前提？」

「部屋が汚い状態でどんなに運気が上がる物を置いたってダメ。なにかを置くならまずその周りをきれいにするという気持ちが必要だがね」

「そういう意味ね、ならわかる」

「そもそもだ。自分の運を上げてくれるものを置く場所が汚いままで平気な人間に、運がやってくると思うかね？　それを大事にしようって気持ちが感じられんうちはいかんがね」

「ははぁ。言われてみれば。開運グッズを多く持っている人って、結局は他力本願ってことなんですかね」

やたら開運グッズを持っている人って部屋が片付いていないのよね、とは妻がよく言うことである。

「その通り。そういうもので運気を上げようとするヤツらは『アレをすればいい』『コレを置けばいい』と、とにかく『足す』。『引く』ことこそが大事なのにだ。なにかを置くならその部屋をきれいにする。いらないものを捨て、ホコリを取り除き、快適な環境をつくることが始めの一歩だ。そしてそれが禊ぎの訓練にもつながっていくのだ」

「禊ぎの訓練とは？」

「自分にとってなにが必要でなにを捨てるべきか、取捨選択をする訓練さ。その選択ができないと人生のなかでも迷うことが多くなる。引くことを覚えれば自然と禊ぎはできていくがね」

「じゃあ引きたいこと、もっといっぱいあるわ」

というワカの恐ろしいひと言に僕は慌てた。

「キミの場合は引きすぎですから！」

そう、ワカは無駄なものを容赦なく捨てる。まあ、いまの話を聞くと結果としてそれが吉だったわけだ。つまり、これがワカが知らず知らずにやっていた幸運の法則ってことか。

「つまり風水がダメということではなく、それさえすればいい、という気持ちがいけないということですね」

「その通りだがね。なにを信じたっていい。占いとかいうものだって、自分が信じて前向きに生きられるなら構わんのだ。要は心の在り方なのだよ」

「だから風水でも、信じるものを置く前に汚れを祓おうという気持ちこそが、意味を成すんですね」

「汚いところには運気もやってこんからな。なにより、物をきれいに使おうという気持ちがものを言うんだ」

ガガの言葉にハッとした。それを実感した出来事が僕にもあったからだ。以前の職場で僕はトイレの洗面台が汚れているのが我慢ならず、行くたびにせっせと拭いていた。理由は気持ちよく使いたいから。ただ、それだけ。ある日、上司がそれを見て、

「お、偉いね。仕事でもないのにこんなとこを掃除するなんて。そういえば先代の社長もよく洗面台の掃除をしていたな」

と水滴をまき散らし、せっかく拭いた洗面台をまた汚して出て行った。鼻歌を歌いながら。

そのとき、話に出た先代の社長はその後、グループ内のもっと大きな会社の社長に昇進していた。それを思い出して、「なるほど。あの社長が昇進するにも意味があったわけだな」、そして、「きっとあの上司はあそこまでの人だ」とも思った。

ガガの言うことは本当だと確信した。間違いない。龍神は確実に運気アップの方法を教えてくれている。

「おまえ、疑っていたのかね？」

「いえいえ、そんなことは決してございません」

さすが龍神。僕の心がのぞけるのか？ それともかまをかけられたのか？

「ふん。まあいいがね。日頃から汚れたところを掃除するとか道にゴミが落ちてたら拾うとか、禊ぎの練習をしたまえ。それに、そういうことをすると神様の覚えも良くなるがね。神様に好かれたければ、せっせと徳を積みたまえ」

龍神の教え⑫

運気アップのためには風水よりも一に掃除、二に掃除。

レッスン②

⊙風呂は邪気を流す場所。実践！　邪気払いのための入浴法

ここで、穢れを祓って運気を呼び込む龍神お勧めの入浴法を紹介します。お風呂は一日の疲れを癒す大事な時間。シャワーだけじゃダメなの？　ダメ。龍神も川や湖でのんびり身体を癒します。人間はやっぱりゆっくり湯船に浸かる。普段は忙しい人も週末くらいはのんびりお風呂を楽しんでください。一日頑張っていると疲れも溜まります。疲れが蓄積されると元気がなくなり、気が枯れます（気枯れ）。弱れば邪《じゃ》が入りやすくなる。邪気を払って気を高め、龍神に愛されましょう。

用意するもの
天然塩１００g
日本酒１００cc
ミネラルウォーター５００ml（お風呂のお供）

たったこれだけ。お湯に塩とお酒を入れて、ジンワリ汗が出るくらい浸かります。大体20分から30分。内臓から温められ、毛穴から邪気が汗となって出ていきます。滞っていた老廃物も毛穴から出ていきます。ミネラルウォーターを適度に飲みながら、体内の水分を入れ替えてください。とってもスッキリします。

入浴後のお湯は身体のなかの邪気が溶け出しているので捨てましょう。

「龍神様、邪気を流してくださってありがとうございます」と言って、お湯を捨てると効果がアップします。

※200ℓのお湯に対しての配合なので、ユニットバスなど小さめの浴槽の場合は調整してください。

龍神、広瀬川を泳ぎ、身体を動かす大切さを説く！

チチチと小鳥が鳴いている。朝。太陽の昇るこの時間が僕は好きだ。開け放ったベランダから爽やかな風が吹き、僕は売れっ子俳優よろしく「ウーン」と伸びをした。一度、思い切り伸びをしたあとギックリ腰になり大騒ぎしてからは、伸びることには気をつけている。ギックリ腰。不毛だ。すると、その風に乗って聞き慣れた声が聞こえてきた。

そうか、今日は金曜日だ。

政治家の友達が近くで街頭演説をするのは決まって金曜日だ。彼とはしばらく飲んでいないから、そろそろ飯でも食べに行きたいと思いつつ、僕はパソコンのキーをパカパカ叩く。できることはできるうちに済ましてしまわないとダメなのだ。とくに、我が家の場合は……。ガタガタ。なにやら寝室が騒がしい。ホラきた、今日も始まった。

「うるさい！　私はまだ眠いんだ！」

そんな声が聞こえてきた。

「やれやれ」

騒がしい寝室へ向かう。言葉とは裏腹に「さあ、今日はなにが起きる？」という期待がちょっとある。顔に浮かんでいるのは、きっとニヤニヤ笑い。なんせ、ただでさえ妻と結婚してからの13年間、普通では考えられない出来事満載の生活なのだ。それが、龍神ガガがやってきてからはパワフルさがさらに増している。なんというか、たまらない。

「なにかあった？」

寝室のドアを開けた。

「暑っ！」

な、なんだこの暑さは。設定温度、高すぎじゃね？　エアコンに目をやるがそれは動いていない。

いる……間違いなくいる。これはガガのエネルギーだ。

ワカはいつものようにベッドから抜け出し、床に転がりながらミノムシみたいに布団を巻き付けた状態で、

「行きたきゃ、ひとりで行きゃあいいだろ！　わたしゃまだ眠いんだ！」

と叫んでいる。どうやら事の発端はこんな感じらしい。ガガの、

「おい、起きるがね」

という声で起こされたワカは、

「嫌です。私はまだ眠いので」

と聞こえないふりでスルーした。

「早く我を外に連れていくがね」

は？　外？

「外は太陽が出ていい天気だがね。我もたまにゃルンルンしたいがね」

いや、ルンルンって。龍神は自由に外を飛び回れるでしょうが。勝手に外で遊んでくればいいでしょ。

「なんで私が連れていかなきゃならないんですかね？」

するとガガは呆れたように言い放った。

「おまえバカかね？　太陽に当たれば、それだけでデカいエネルギーを補充できるのだ。龍神も

神様も一種のエネルギー体。あとで説明するから、つべこべ言わずに散歩に連れていくがね」

かくかくしかじか。まあ、かいつまんで言うとこんな感じらしい。しかし、龍神を散歩に連れていく。なんだろう、この違和感？

そもそも龍神は地球を守る存在じゃないのか？　地球を縦横無尽に飛び回るのに、僕らとノコノコ散歩する必要があるんだろうか？　犬じゃあるまいし。

「龍神って自由に飛び回れるんでしょ？　別に散歩に連れていかなくても……」

その言葉を遮るように妻の鋭い怒声が飛ぶ。

「知らん！」

「あ、まあ、そうですよね」

僕は思わず敬語になる。ぶつける相手を考えよう。それでも、「睡眠への誘惑」ｖｓ「運気が上がる龍神の教え」

両者が競った結果、後者が勝ったんだろう。

「龍神の教えを逃すのは損だ」と、布団から這い出してくる貞子のようなワカには、ものすごい執念を感じる。

「なにやってるのだ。とっとと行くがね」

「あのね、ガガに言ってもわかんないでしょうが、人間にはそれなりに準備ってもんがあるんですよ、もう」

ブツブツと言いながらワカは顔を洗って歯を磨く。化粧はしない。彼女は基本スッピンだ。

「なんか面白そうだから僕も一緒に行こっと」

僕もパソコンを閉じると上着を羽織っていそいそと準備をした。こんな面白いことを逃すわけにはいかない。ああじゃない、こうじゃないと相変わらずもめているワカと、目には見えない龍神を感じながら、

「さて、一体どんなことを教えてもらえるのか？」と、ひとりと1柱を待った。外へ出ると太陽の日差しがまぶしい。駅へ向かう出勤途中のサラリーマンやOLが、せわしなく目の前を過ぎていく。ふふふ。足早に歩くこの人たちにはわかるまい。まさか僕らが龍神を散歩させているなんて。というか、そんな想像している人がいたら、その人のほうを疑ってしまう。そんな奇妙なふたりと1柱ご一行は、ノコノコと川へ向かって歩を進める。

「泳ぎたいがね」

これがガガの要望だからだ。要約すれば、

「川で泳いで遊びたいから連れていけ」

ということらしい。川なんてすぐそこ。わざわざ連れていくほどの距離でもない。なのに僕らが一緒じゃないと意味がないという。なぜだろう。少し歩くと道幅が狭くなり、小さな林のなか

を通り抜ける感じになる。木々のあいだからこぼれる光がキラキラ輝いて見え、風で揺れる葉の音がなんだか懐かしい感覚を呼び起こす。子供のころ、自然のなかで転がり回ったあの感覚。

「そういえば、こうやって朝にのんびり歩くのって久しぶりだな」

僕はなんの気なしに言った。会社に勤務していたころはとにかく時間に追われ、休日は睡眠を優先していた。こんなにゆったりと朝の光や風を感じて歩くのはいつ以来だろう？　そう思い始めたとき、目の前の景色がひらけたかと思うと、見慣れた川が広がっていた。

「さあ、ガガ。着きました。せっかく私が起きて連れてきたんだから、思う存分泳いでくださいな」

「うーん、この川、小さいがね」

「わがまま言わないで。これでも日本の川のなかでは大きいのよ。広瀬川は一級河川なんだから！」

「ふん。まあ、いいがね」

そんなやり取りのあと、ワカの目線は川のほうへ向けられた。

「どう？　ガガは。本当に泳いでるの？」

「泳いでるんじゃない？　たぶん……」

「でも、小さいんじゃ」

「そこはなんとかしてるんでしょ」

川の大きさに合わせて自由自在か、便利だ。イメージするならば、大人が子供用のビニールプールに浸かるくらいの感覚かもしれない。狭い川に身体をすぼめてピチャピチャ水遊びをする龍神。想像すると、ちょっとかわいい。

「ってか、本当に子供みたいだな。ガガってオス？　そもそも龍神に性別ってあるのかな？」

ガガが泳いでいるであろう川を眺めながら僕がつぶやいた。

「龍神に性別なんてないがね！」

だ、そうよ。と、ワカが言った。どこにいてもちゃんと想念でしゃべりかけてくるところが、さすがだ。

「でもさあ、ガガは絶対男でしょ」

「性別なんてないがね。我は気づいたらそこにいた存在だがね」

食い下がるガガ。とはいえ、ワカも納得いかないようだ。

「いや、龍神は弥生時代からいたわけでしょ？　だったら長い人間との関わりのなかで男っぽい龍神、女っぽい龍神というのは絶対にあるはずでしょ。ガガは絶対に男！」

「まあ、龍神にも性格はあるからな。性格が男っぽいのや女っぽいのはおるかもしらんがね」

あ、やっぱりあるのね。まあ、龍神の風貌から力強い男の龍神が多い気もするが……。そんな僕の素朴な疑問に対するやり取りをしながら川で泳ぐガガに、

「しばらく放っておこう……」

ワカはそう言うと、持ってきた本を開いて芝生の上に転がった。ちなみに本は恐竜図鑑。エコバッグに入っていた重そうな代物は、おそらく僕らの飲み物かなにかだと思っていたのに。

僕は川沿いを散歩し始めた。そして気がつく。はて。なにも考えずに自然のなかを歩くのは気持ちいい。部屋のなかではわからない五感が騒《ざわ》めく。太陽の光って、こんなに柔らかくて暖かかったんだ。草木の香りって久しぶりに意識したかも。さっき蘇った感覚。それはやっぱり子供のころ、校庭や空き地で遊んでいたときの記憶だった。当たり前のように大地を転がり回った日々。

「おまえ、いま、気持ちいいだろ？」

ふと、ガガが声をかけてきたような気がした。僕にはガガの声は聞こえない。でも感じた。僕に「気持ちいい記憶」を思い出させようとしている？　もしかしたらそれを呼び戻そうとガガは散歩に連れ出したんじゃないか？　そんなふうに思い始めて、ワカもこの感覚に気づいたかなと目線を向けた。だがしかし、そこには想像を超えた光景があった。

「なな、なにやってんだ？」

恐竜図鑑は投げ出され、ワカはなぜか激しく踊っている。さてはガガになにか言われたな？カッコいいダンスならいざ知らず、ワカのソレはだれが見ても「踊り」である。面白い、しばし様子を見る僕。

ひとしきり踊り切った妻は、ゼイゼイ息を切らしてなにやらわめいている。ガガになにか言われて反抗しているに違いない。実にわかりやすい。しかしだ、事情がわかる僕はいい。橋の上を歩く人たちからは、40代美女が（美女と書かないと怒るんである）、ひとりで踊ってわめいているようにしか見えない摩訶不思議な光景であろう。

「巻き込まれたらかなわん」

僕はそっと隠れた。我ながら賢明な判断。するとワカは、今度はおもむろに靴を脱ぐと芝生の上を「おりゃー」と裸足で駆けだした。それはまさに全力疾走。

そのとき、ワカがなにかをかすかに踏んだのが見えた。僕が「あー！」っと思ったときには遅かった。本人は気づいていない……。

そして帰り道。

「踊ったり、走ったり大変そうだったね」

ヨロヨロするワカを一応気遣いながら、僕は言った。見ているほうは笑えて仕方なかったとは口が裂けても言えない。

「くそ、ガガめ。恥ずかしいことやらせやがって！」

「まぁまぁ」

「でもまあ、踊って走って楽しかったわ」

思わぬ答え。え、そうなの？

「始めは恥ずかしかったけどね。途中から、『どうにでもなれ』って吹っ切ったのよ」

「たしかに吹っ切らないとできないよね、あれは」

思い出し笑いをこらえながら言う。

「考えてみれば、自然のなかで走ったり踊ったりするなんて子供のころ以来でしょ。懐かしい感覚で楽しかった。あ〜、こりゃ気持ちいいって」

意外にも僕と同じように芝生の上で久しぶりに走る感覚、弾む鼓動、風を切る音や肌に当たる空気の感覚を楽しんでいたようだ。

水遊びから戻ったガガが言う。

「わかったかね。運動すると心拍数が上がるだろ。心臓が踊りだし、同時に心も踊る。固まっていた肉体が喜び、生命力が湧いてくるのだ。芽吹くような力に満ちた強い生命力。それが龍神とつながるための、言わば一番の基本なのだ」

「心臓って踊るんだね（笑）」

「それにな、身体を動かすと呼吸が深くなるだろ？　酸素をたくさん身体に送り込むことができる。血の巡りが良くなり、結果的に龍神好みの魂になるがね」

「なんでそれが？」

「いいかね。龍神が食うのは人間の魂だと言ったのを覚えているかね？」

「もちろん」

僕は答える。

「では食える魂とは一体どんなものかね？」

「それは。ワクワクした弾んだ魂でしょ」

額の汗をぬぐってワカが言った。

「その通りだ。しかし、いまは運動する人間が減っている、いや、身体を動かす人間と言ったほうがわかりやすいがね」

「たしかにいまは意識しないと、身体を動かす機会もないもんな」

「かつて人間は生活のなかで自然と身体を動かしていた。畑を耕し、土をいじり、収穫する」

「生活自体が運動になっていたんですね」

「いまはどうだ？　出かけるのは自動車、人との連絡は電話やパソコンで簡単に済む。高い場所はエレベーターで、身体を動かす機会が減っておらんかね？　人間の心と身体はつながっているのだよ。繰り返すが運動すれば心臓も弾むよな？　タカや、おまえ、心とはどこにあると思うかね？」

「心……ですか？」

そんなこと考えたこともなかった。僕はちょっと悩んでから、

「う〜ん。やっぱり胸の辺りかなと思います」

「さよう。心は身体のすべての部位に宿っているが、一番はやっぱり心臓だ。考えてみたまえ、心臓は唯一『心』が付いた臓器なのだよ」

「た、たしかに……」

僕の反応を確認すると、満足げにガガは続ける。

「運動すればその心臓が弾むのだよ。そうすれば心も弾む。だから身体を動かすということは、心も身体も弾ませることができるひとつの手段でもあるのだ」

世の中はどんどん便利になった。でもその分、運動しない人も増えて弾む心も減ってしまったということだ。

「昔は子供のころからよく外で遊ぶ人が多かったから、食える魂もいっぱいあったがね」

「僕も暇さえあれば近くの広場でボール蹴ったりしてたな」

「身体を動かして汗をかいている魂はとてもきれいで、我々龍神や神様のうまい栄養にもなった

のだ。それに考えてみたまえ。ボールを投げるときの指先の感覚、ボールを蹴るときの足の衝撃、走るときに感じる風の感覚、転んだときに痛いと感じることだって大事な感覚なのだよ。こうやって知らず知らずに五感も鍛えられるのだ」

「なるほど〜。だから昔はスピリチュアルなんて言葉を知らなくても、自然と『見えないもの』とのコンタクトを取れる人がたくさんいたんですね」

僕は納得した。

きっとガガはそれを教えたかったんだな。だが……、

「世の中には知らなくてもいいこともある」

僕はつぶやいた。

「え？　なに？」

「な、なんでもないなんでもない。それよりガガは？」

「あ、なんかもう少し川で泳いでくるらしい」

「あ、そう」

やっぱり、わざわざ僕らが連れていく必要はなかったじゃないか。しかし、ワカが走りながら犬の糞を踏んだことは、僕しか知らない。世の中、知らなくてもいいこともあるのだ……。

龍神の教え⑬

心臓の鼓動は喜びの証。運動して身も心も弾ませよう。

宿命はだれにも変えられない。だが、運命好転なら龍神が手助け可能

ウィーーーン……

「ああん、そこそこ。気持ちいい～ん」

ワカは満足げに言った。誤解してはいけない。使っているのは近くの家電量販店で購入したマッサージチェアである。（ご、誤解したのは僕のほうだ！）とはいっても、骨盤を矯正する小さな座椅子式のもの。ワカは最近、骨盤の歪みが気になっていろいろな健康器具を見つけては試していたのだが、どうも効果が得られなかった。そんなとき、たまたま出会った「現品限り6割引き」のこの商品。見つけた瞬間、ワカは「ヒャッホー！」と飛びついた。本当に飛びついた。

その姿はまるで飢えた野良猫がネズミを捕えた瞬間のようだった。

「くくく。これはきっと龍神様が導いてくれたんだわ」

と狂喜乱舞するワカに、果たして龍神がマッサージチェアを選定してくれるのだろうかと思いつつも、実際に使うとこれがなかなか悪くない。ギックリ腰を2度経験している僕にとっても（あれはどうしてあんなにも痛いのだろう）お得な買い物だった。

とくに最近は、龍神から強力な後押しをもらうには、なにより健康でなければという意識が芽生え、これまで以上に自分の肉体に気を遣うようになった。それにしても、ガガにこのマッサージの概念を説明するのには骨が折れた。というか、たぶんいまだに伝わっていないと思う。

「タカや。コリってなんだね」

「筋肉をほぐすとはどういうことかね？」

矢継ぎ早に質問が飛んでくる。いくらガガに「筋肉が固まって」とか「骨の位置が歪んで」なんて説明しても、そもそも龍神に身体はない。骨もなければ筋肉もないのだから、その感覚を伝えるのが本当に大変だ。だから、

「それってどんな感覚だね？」

「えぇと、筋肉が固まったのをほぐすとですね……」

「筋肉が固まると、どんな感じかね？　ほぐすとなぜ楽になるのかね？」

「う〜ん、身体が柔らかくなれば動きやすいじゃないですか」

「我に筋肉はないがね。我は固くならんがね」

「いや、だから龍神様はそうでしょうけど……」
「ちゃんとわかるように説明するがね」
とまぁこんな感じだ。言ってしまえばきりがないのである。最近では「ワザと困らせようとしてないか？」とさえ思えてくる。とはいっても、こういう傍若無人《ぼうじゃくぶじん》な龍神に構われる人間もそういるものじゃないと思うと、このわずらわしさも優越感に変わるのだから不思議だ。それにガガもひと通りガーガーしゃべり終わると、満足したように静かになるから意外と構ってほしいツンデレ系なのかもしれない。

しかしだ、たしかに肉体がなければ「感覚」がわからないのも当然だ。以前ガガが言っていたが、魂は壮大な旅をしているそうだ。何百年、何千年も旅を続けるなかで肉体を持つのはほんの一瞬でしかない。その一瞬こそ「人間」として生まれたときだという。そして死ねば再び肉体を失い、次に生まれ変わるまでまた魂の旅が始まる。なぜその一瞬があるのかと尋ねると「肉体を持ったときしかできない体験をするため」で、前世で自分自身がそれを決めてこの世に生まれてきたのだという。

時間は本当に貴重なのだ。だから、その時間のなかで自分の身体を大事にするということは、言わば「神様からの預かりもの」を大事にすることで、そんな心がけをしている人間は龍神にも神様にも好かれやすいという。

「ガガさん、質問」

「なんだね」

「魂は長い年月のなかで何度も生まれ変わっているわけですよね？　前世で大きな罪を犯したり、この世でも過去に悪いことをしても、『これから頑張れば帳消し』ってことですか？　いわゆるカルマは関係ないんでしょうか？」

　どんなに悪いことをしても成長しようという気持ちさえあれば助けてもらえるなら、なんか理不尽だ。それなら、この世ではなにをしてもそのあとで「ごめんなさい、もうしません」って反省すれば済む。でも反省さえすれば解決？　いや、それはおかしいだろう。もしそうなら、一生懸命生きている人はたまらない。

「カルマって『業』のことだろ。例えば過去に悪いことをした人間がこれから良いことをしたら過去の罪はもみ消せるのか？　おまえが我に問うたのは、そういうことかね？」

「まあ、そうです」

「結論から言えば、罪は消えん」

「じゃあ、そういう人は龍神も助けない？」

「ふうむ。ここもちょっと大切な部分だからひとつひとつ答えよう。まず、平等と公平は違う」

「ん？　平等と公平？」

「過去の罪に関係なくみんな平等に助けるなんてこと龍神はせん。スタートラインがみんな違うのだ。まず、反省があること。『反省』『禊ぎ』『償い』、その気持ちがあって初めてスタートラインに立てる。それがどこまで真剣で心からの行動かを龍神が見極めて、手を貸そうと思えば助ける。それが公平だ」

「でもその場合も、因果から解き放ってあげるとかではないんですよね？」

「当たり前だがね。背負っている因果とは『宿命』なのだ。宿命は変えることはできない。生んでくれた親を変えることができないようにな」

「たしかにそれは変えられない」

「いくらつらくても自分自身で越えていくしかないのだ。我々も、その環境から抜け出そうとする努力を助けるだけだがね。しかし、生き方は、『運命』は変えられる。我々はその手伝いはできる。コイツの運命を変えようとしているようにな」

「ハードルを取り払うのではなく、飛び越えやすい方法を教えたり、補助するって感じ？」

「さよう。ハードルがあるのは『宿命』。でも飛び越え方は選べる。それが『運命』だがね」

そしてガガは言った。

「まあ、とにかく過去の罪は罪でちゃんと償わなきゃならんのだよ」

「やっぱり、反省や償いの気持ちは大事なわけですね」

「当たり前だがね。しかし、その逆もある」

「逆？　ですか？」

「生きるというのは、ほかの生き物の犠牲の上に成り立つ。それは仕方のないことだが、そういうことまで罪に感じる人間も多い。生きること自体に罪の意識を持ちすぎて『こんな自分が幸せになっていいのだろうか？』などと思われると、我々がどんなに手を貸したくても無理だがね」

「あー、いるいる。そういう人。過剰に罪の意識が強い人」

「本人が望んでいないなら我々も助けられんがね」

ガガの言葉に熱が入る。ガガはこれまでたくさんの人間を見てきたのだろうな。そのなかには助けたくても助けられなかった人もいたのかもしれない。

「過去を償い成長したら、前を向いて一歩でも進む姿勢が大事だ。我々は前向きな魂が好きだからな」

さっきから黙っていたワカが口を開く。

「ヤバい、そう考えると私、これまで結構罪を犯してきたかも……」

「えっ？　そうなの？」

「あ〜も〜。白状します。高校で11月11日11時11分11秒にクラス全員で立ち上がって『バンザーイ』ってやって授業を中断させた犯人は私です。赤いチョークに粉塗って白くして、白い字を引こうとした先生をビックリさせたのも私です。繁華街で酔ったおじさんとポリバケツをお尻にはめて道路でヤドカリ競走して警官に怒られたのも言い出しっぺは私。それからそれから……」

「これって、贖罪《しょくざい》、必要かなぁ？」

ワカ、本気で焦っている。

「ぶはは。面白いがね。おまえね、我々がやっちゃいかんというのは悪意によって相手を陥れたり傷つけようとする行為のことだよ。おまえは『だれかを楽しませよう』という気持ちが強いだろう。ま、自分も楽しみたいのだろうが、つまり悪気がない。現に周りはどうだったかね？」

「うーん。クラス全員大笑い。先生は怒りはしたけど、最後には自分でも笑っちゃってさ。卒業までなにかにつけ突っ込まれたけど（笑）」

「結局、おまえは周りを巻き込んで『笑い』という幸せをつくったのだがね。良い空気をつくる。先生も警官もどこかでそれがわかっているから腹も立たなかったんだろう。おまえは、得な性格だがね。だから罪にはならんだろう」

「というか、無邪気なんでしょうね」

と僕は素直にそう思った。「無邪気」という言葉は邪気が無いと書く。なるほど、人を陥れたり、傷つけようという気持ちは「邪気」だ。それがない心、それが「無邪気」な心ということだな。僕はワカが龍神に好かれる理由がまたひとつわかった気がした。龍神だけじゃない。結局は僕も、ワカの無邪気さに惹かれたひとりなのだということも認めざるを得なかった。

龍神の教え⑭

悪意は邪気そのもの。そんなもん持ってても運が悪くなるだけ。

人に付いていない龍神は普段、どこにいる?

日曜の朝は気持ちがいい。うちは近隣に大学や小中学校、目の前は駅なので、平日はせわしなくサラリーマンや学生、子供たちでなかなかの賑わいだが、日曜日は嘘のようにのんびりした時間が流れる。そんな静かな朝に、僕は決まって近くのコンビニにコーヒーを買いにいく。ドリップするのが面倒で普段はインスタントで済ませるのだが、最近はワンコインでおいしいコーヒーが飲めるのがうれしい。これが僕のちょっとした贅沢なのだ。コンビニといえば、なんとなく立ち寄ってしまう雑誌コーナー。男にとってそこは鬼門だ。ちょっとセクシーな水着姿のギャルが僕だけにニッコリ微笑みかけてくる……ような気がする。いかんいかん、意識のしすぎだ。でも、あんなじっと見つめられてるふうな表紙だと、こっちも意識しちゃうよな〜。そう思いながら僕は玄関を開けた。ワカがノソノソと起き出していた。今日のパジャマはゴジラの着ぐるみ。色違いが何枚もあるのだ。

「タカや、おはよう」

もちろんガガも一緒である。といっても龍神は眠らないらしいので、ワカと一緒に寝室から出てきたという感じなのだ。

「はいよ。モーニングコーヒー」

「パクパクパク（たぶんありがとうと言っている）」

寝起きのワカの声はまるで朝稽古を終えたばかりの力士のようにかすれていて、全然聞き取れない。

さて、僕はのんびりこの優雅な100円コーヒーを楽しもう。バサバサ新聞を広げるとガガが話しかけてくる。これも、ワカを通してだ。

「タカや。いいかね？」

「なんでしょうか？」

「人間はお茶するだろ」

「しますね」

「なんでお茶するのかね？」

「な、なんでって言われてもなぁ。休憩してホッとする人もいますし、時間潰ししてる人もいますし」

「なんで時間潰すのかね！　潰すなよ！　することはたくさんあるがね！」

クワっ！　鬼の形相で噛みつかんばかりにまた怒っている。怒りっぽいにも程がある。

しかしだ。たしかに時間を潰すというのは龍神から見れば無駄な時間を過ごしているように思うのだろう。その短い時間でも読書するとか次の予定の計画を立てるとか、なにかしらの時間に変えることはできる気がする。恐らくガガはそういうことを言っているのだろう。

「人間はせっかく肉体を持って生まれ、成長できる機会を与えられているのに、なぜその時間を無駄にするのだ？」

ガガの言うこともわかる。だがしかし、人間側の都合もある。

「仕事の合間に休息を取りたい人もいるんですよ。人間ホッとするのも必要じゃないですか」

丸く収めようとするがガガは止まらない。

「そもそもお茶って『お茶』だろ。なんでコーヒーなんだね」

そこ突っ込む？

「あの、それはですね。言葉のあやなんです。喫茶店で休憩してホッとしましょうというのを

『ちょっとお茶する？』というふうに表現してるだけでですね……」

「ふん。人間はいいね。お茶できるんだから。龍神はホッとしたいときにどうすればいいかね？」

ますますメチャクチャになってきた。これがガガのパターンだ。こんなときは話をそらすのが一番だ。

「はい、ガガさん。質問です」

「あん？　なんだね？」

「いま、ホッとしたいときはどうすればいいとおっしゃいましたが、龍神は普段はどこでなにをしているんですか？」

「神様と人間をつなぐ仕事をしていると言っただろうが」

「ホームは？」

「我々は地球上どこにでもおるが、とくに多くいるのは日本やアジアだ。住みやすくていいがね」

「では、その日本やアジアでも具体的にどういうところに？」

話をそらすには食い下がるに限る。こういうところで、僕のしつこさがいかんなく発揮されるのだ。

「くわーっ！　相変わらず、おまえは細かいがね。まあいい。我々は基本的につねに移動している。なんせ運を運ぶのが仕事だからな。だが、仕事がないときは風に乗って空をゆらゆらしたり、川で遊んでたりするがね」

「あはは！　なんだ、ちゃんとホッとしてるんじゃん。それよそれ、人間の場合もホっとするのはちょっとした息抜きなのよ」

ケラケラとワカが笑った。

「じゃあ、湖とか川に住んでいるんじゃなく、休んでいるってことなんですか？」

「さよう」

「よく『ここには龍神様がお住まいだ』って場所でも、ただ休んでるだけなんですか？」

「そもそも我々と人間とは時間軸が違うがね」

「時間軸？」

「そう、時間軸だよ。龍の1年は人間でいえば大体100年ほどになるがね」

「ひや、100年？」

「だから龍神がちょっと休息している場所でも、人間にとっては『龍がつねにいる場所』と解釈される」

「へえ。じゃあ、龍神に会いたければ龍神が心地よく休めそうな場所に行けばいいんですね」

「それよりもコーヒーという飲み物はどんな味が」

あ、ヤバい。話が振り出しに戻っている。こういうときは具体的な場所を出すのが一番だ。ガガは間違ったことを言うと怒って否定するが、そこから芋づる式に正しいことを教えてくれたりする。しかし自分から詳しく教えるという細かい芸当はなぜかできないのである。

「神社には龍神、いらっしゃいますよね？」

「おるよ。神社や寺は結界が張られているから居心地がいいがね」

「やっぱり神社には龍神が祀られているから？」

「別に祀られているからってだけでもないがね。気が充実した神社なら心地よい。居心地がいいから境内で休んでおるのだよ。だから当然、いない神社だってある」

「え？　いない神社もあると？」

「そりゃあるがね。祈りが足りなくて神様の力が弱ければ結界も弱いからね。逆に、神様の力が強くて浄化された空気が神社の外まで溢れているところもある。そういうふうに地域全体が龍神の根城になっとるところもあるがね」

「おお！　龍神の根城。なんかすげえ！」

「それって具体的にどこ？　ねえ、どこ？」

そんな素敵なところがあるなら私も行ってみたいとばかりに、ワカが目の色を変えて声を上げた。そんな場所なら僕も行きたい！

「信濃の国、戸隠《とがくし》はまさに龍神の根城だがね。あそこは龍神界の親玉、九頭龍神《くずりゅうじん》がおるからね」

「九頭龍？」

「さよう。我々龍神は眷属だと言ったな」

「はい。覚えています」

「しかし、九頭龍神だけは別なのだよ。九頭龍神は生まれながら本当の神様だった。おまえ、戸隠の地名の意味は知っておるかね？」

「すみません……、知らないです」

「天岩戸神話で、アマテラスを岩戸から出したときに、もう二度となかに入れないように戸を投げ飛ばして隠したのだよ。だから戸隠という名が付いたのだ」

戸を隠したから戸隠。神話の世界とはいえ、大きく想像をかき立てられる地名だ。

「だから、その戸を投げ飛ばした功労者タヂカラオを祀っておるのだが、そのタヂカラオを迎え入れたのがこの地に以前からおった九頭龍神なのだ」

「と、いうことは……神様のほうが後追いしたわけですか？」

「さよう。いわば龍神界どころか、日本の神様よりも先にこの日本や世界を守っていた存在なのだ。だから戸隠の地では九頭龍神の影響を受けて、根元から分かれとる樹木が本当に多いのだ」

「へえ。自然にまで影響を及ぼすほどのエネルギーなわけだ、それはすごい」

「でもさー。九頭龍って箱根にもいるんじゃない？　そっちのほうが有名だよね」

「日本で大きな力を持つ九頭龍神は、戸隠と箱根の2柱だがね。それぞれ戸隠は山系で、箱根は海系だな」

「じゃあガガはどっち系？」

「我は戸隠の山系だがね。だから同じ山系の十和田神社の龍神におまえらを挨拶に行かせたのだよ」

「あ、ちゃんとそういう理由があったわけね。あんなに早起きさせて、もっと近いとこでいいじゃん！って思ってた」

なんと。龍神様にも派閥のようなものがあったとは。

「龍神は神社で休んでいる。大きな神社だと地域全体がお休み処になる場合もある……と。じゃあ、ほかにはどんなところで休んでいるんですか？」

「川や湖、滝など水辺でも多くの龍神が休んでいる。なにしろ我々龍神は日本では『水神』と表現されるほどに水との関わりが深いからな」

「そういえば十和田神社も十和田湖の畔《ほとり》にありましたね」

「ゆったり休める湖もあり、気も神社で浄化されておる。我々にとってこんな心地よい場所はないがね」

「滝もそうなんですか?」

「滝は確実におるね。百発百中だがね。ダバダバとそりゃ水の気が溢れておる」

「すごい! 龍神に会いたければある意味、神社よりも確率高いんだ」

ワカがすぐに行こう! とばかりに声を上げた。

「でも滝なんてそうあるもんじゃないよね。神社探したほうが早くない?」

「う……。たしかに」

「だから、龍神も少ない滝に集まるんだがね」

「しかし、それだけ龍神は水と関わりが深いってことですね」

「神社のお手水舎に龍の形の水道みたいなのあるよね、あの水にも宿ってそう」

なるほどね、まずは神社に行ってお手水舎で龍神を意識するといいかもしれない。

龍神の教え⑮

神社のほか、川、湖、滝などの水辺に龍神あり。こちらから会いにいってみよう。来てくれれば、龍神だってうれしいんです。

龍神に愛されるコツ、それは「水」でした

「じゃあさ、自分の家に龍神を招きたい人はどうすりゃいいの？　方法ってない？」

「水場が肝。まず、水回りの清浄は絶対条件だがね。ばっちい水場は大嫌いだ」

わかる！　水場が汚いのだけは僕も耐えられない！

「掃除はわかったからプラスαでさ、どうすればいいの？」

「部屋のなかに水場をつくると龍神への目印になるが、知りたいのはそういうことかね？」

「そうそう。そういう具体的な行動。早く教えて、早く早く！」

ワカ、大興奮。目がキラキラ、いや、ギラギラしている。

「窓辺に水を置くのだよ。東の窓なら最高だが、まあどの角度からでも水場があれば目印になるから方角はそこまでこだわらなくていい。朝起きたら窓辺に水を置く。そのときに龍神へ気持ちを伝えるがね」

「気持ちってどんな気持ちよ？」

「来てほしいのだろ？　なんとでも言いようがあるがね」

「龍神様、どうぞこちらへ来てちょうだいみたいな？」

「なんか軽いが、おまえだから仕方ない。それだけで龍神は自分を探しているだれかを見つけて

飛んでいく。水が『依《よ》り代《しろ》』になるからだ」

「ヨリシロ？　なにそれ？」

「バカモーン！」

いきなり波平さんばりの怒鳴り声が響く。

「おまえら、依り代も知らんのか？」

「すみません。勉強不足で……」

ワカの代わりに僕が謝る。でも、たしかに僕も依り代を知らない。

「依り代というのは神様が人間界で自分を宿すために必要なアイテムだ。神様は見えないからな。日本では八百万の神と言うだろう？　あれは万物すべてに神様が宿るという意味だがね」

「な、なるほど」

「そのくらい知っておくがね！　でないとコンビを組んでる我の格まで疑われるがね、もう疑われてるが……」

「ちゃんと勉強しておきます、はい」

そもそも僕らには神様とか神道とか、そういう概念を教えられる機会自体がない。

のちに古事記研究を始めて知ったことだが、外国では歴史教育の最初に自分の国の神話教育をするそうだ。アメリカではピルグリムファーザーズ（巡礼始祖）、ドイツはゲルマン神話、お隣の韓国だって檀君神話《だんくんしんわ》から歴史教育が始まる。でも日本では戦後から古事記教育をしなくなってしまったから、神話の神様のことをなにも知らない。これはすごく情けないことなんじゃないか。八百万の神の意味すら知らないから、目に見えない存在に対する意識や畏敬《いけい》の念も低くなってしまったんじゃないか。

僕は日本人なのに神社や神道について、関心すらなく過ごしてきたことを反省した。

「すみません。なんかその、いろいろ申し訳ないです。でも、学びたいのでもっと教えてください」

心からの反省が通じたのか、素直に謝る僕にガガはちょっと戸惑ったように感じられた。

「ま、まあいいがね。まず我々龍神にとって依り代になるのは『水』だ。水の目印があれば出入りしやすいのだ」

「神棚に『米』『塩』『水』を置くのも神様が来やすいようにするってことですか？」

「神棚の場合は違うがね。あれはお供え物さ。神様に『どうぞおいでください』という心を示す意味なのだよ」

僕の実家にも神棚はあったがそこまでは意識しなかった。今度帰ったらしっかりお礼を言おう。そう思った。そもそも自分の家の神棚に、どこの神社の神様がお祀りされているかすら知らなかった。これで「神様、どうか願いを叶えてください」なんて、虫が良すぎる。

「だが、神棚を飾るのは龍神もうれしいがね。なんといっても神様は我々の上司だからな」

「へえ！　うちは神棚あるから大丈夫！　毎日、手を合わせてるもん。お守りくださりありがとうございますって」

パンパン！　乾いた音が部屋に響く。ワカが柏手を打ったのである。

「ところで海はどうなんでしょう？　いないんですかね、龍神」

「好みもあるが、海には龍神は多くない」

「塩水がダメとか？」

「そういうわけではないが、大きな理由は波だ。ザッパザッパと、ゆっくり休めんじゃないか。川や湖なら水面に身体を漂わせてユラユラと休める」

「でも箱根は海系の龍神様がいるんじゃなかったでしたっけ？」

「別に海にいるとは言っておらんよ。海が近い地域という意味だがね。箱根には芦ノ湖があるがね。まったくおまえはわからんヤツだ」

わかりにくいのはガガじゃんと思いつつもここはグッとこらえる。

「じゃあ神社や川、湖で龍神に意識を向ければいいんだね、いっぱい意識する！」

「さよう」

意識する。見えない存在だから、気づかなくても当然だと思っていた。

「我々、龍神はうじゃうじゃいると言ったが、みんな気づいてほしくて受け入れてくれる者を探している。もし、自分を意識してくれればうれしくてみんな寄っていく」

「近くにいるよっていうわかりやすいサインとかないの？　それがあれば人間も気づきやすいと思うけど」

「双竜を表す末広がりの八、無限大を表す数字の８。やたらハチに会うようになったら龍神が近づいていると思っていい」

「虹も龍神のサインだって言うよね、それ本当？」

「本当だ」

妻と結婚してから、虹を見る機会が増えていたが、なんとこれは龍神からのサインだったのか。

「じゃあ例えば、空を見上げると龍に似た雲があった。そんなときに、『あ、あの雲、龍みたい』と、龍神を意識するだけでも……」

「それもサインさ。いっぱい送ってるがね」

「龍神だと思うものは全部サインってことか（笑）」

「たまにはちゃんと理解するではないか。龍神もせっせと世の中を守っているのだよ。サインに気づいてもらえればやる気も出るがね。うれしいがね。『意識』を我々龍神に向けてくれるのが最も龍神と近づける近道なのだよ」

そうか。僕は一番大事なことに気がついた。なにをすればいいとか、なにをしてはダメとか、そういうことではないんだ。自分を守ってもらいたければ、仲良くなりたければ、その存在に意識を向ける。それが一番大切なんだ。こちらが意識すれば、自然にあちらも気づいてくれる。

水に空気に人。何事も循環が不可欠

「掃除に水場。ほかにはないの？　ほかには？」

さすがワカ。この貪欲さは見習いたいところだ。

「水場の目印を見つけたら、あとは風になって訪れるがね」

「風になってって、部屋ンなかに風吹かないし」

「窓開ければ済む話じゃないかね、バカもん」

ええ？　たしかに窓を開ければ風は入るけど、でもたったそれだけで？

「あの、ガガさん。失礼ながら、たかが窓開けるくらいで龍神がやってくるとは思えないんですけど？」

おずおずと聞いてみる。

「なんだと？　我に反抗するのかね？」

「いや、そういうわけじゃ……」

「よく聞くがね。循環というのは実に大事なファクターなのだよ」

「？」

「空気が動くというのは新しいなにかが入ってくるということだがね。人間社会だってそうだろ？　ずっと同じ空気のままでは変化がない。だから時代の流れというのが存在する」

「流行り廃りみたいな感じ？」

「さよう。流行りだっていつまでも続くことはないだろう。必ず新しいものが入ってくるものだ。水を想像するがね」

「水？」

「川のようにつねに流れているところは水もきれいだ。しかしだ、流れのない学校のプールを思い浮かべるがね」

「あー。冬になると緑色になる」

「水の循環がないから汚れが溜まったり、微生物が繁殖してくる。水も空気も、人間社会だってそうだがね」

「えっ、人間社会も？」

「もしかして、人事異動とかそういうこと？　アメリカで大統領が変わったこととか？」

「ああ、トランプ大統領。いままでの常識ではあり得ないことだよね」

「さよう」

「本当に？　これにも理由があるの？　マジびっくり！」

「世界が空気の変化を求めたのだよ。世界の流れにも循環が必要不可欠なのだ。地球も、宇宙もな。だからこれは自然な流れなのだよ。トランプ大統領が良いとか悪いとか言ってるのではないよ。ただ、世界が『変化』を必要としていたのだ。いままでにない新しい形を求めたのだ」

「なんでも循環が必要ってわけか」

「とりあえず窓開けようよ」

そう言うとワカが窓を開けた。心地よい風が部屋のなかへ入ってくる。

「これが流れをつくるってこと？」

「さよう。それだけで龍神が部屋に入れる環境がひとつ整うがね」

「ずっと開けてないとダメなの？」

「朝、起きたら数分でも風を通せばいいのだ。それだけで部屋の空気も入れ替わる。我々もうれしいがね」

「水場をつくって窓を開ける。部屋はきれいにして龍神のサインに気づいてあげればいいのね」

「それを心がけるだけで自然と我々を意識してくれるようになるがね。我々もうれしくて寄っていきたくなるのだ」

これだけで本当に龍神はやってきてくれます。「えっ、こんなに簡単に？」と思うアナタ。本当なんです。いままで、そう簡単に龍神が来てくれるわけがないとか、龍神が付いてくれるのは特別な人、という意識が龍神を遠ざけていただけなんです。その意識を取り払うだけで龍神は来てくれます。余計な意識を取り払う、これも禊ぎ、ですね。

「そんで、どうやったら龍神はお茶できるのだね？」
「えー。結局、そこに戻るんですか？」
いい話風にまとまったのに、やっぱり最後はそれですか！　知りませんよ、全くもう。

龍神の教え⑯

水場をつくって窓を開ける。部屋も心もつねに新しい風を吹かせよう。

僕が神様の存在を信じたあの瞬間

僕は昔、強烈な体験をしました。

あれは8歳の夏、祖父母の家で起きました。そこは地元でも有名な古い家で、大きな広間がありました。そこには立派な仏壇とこれまた立派な神棚があったのですが、僕は「神様が本当にいるか実験してみよう」と、仏壇や神棚の前で木魚をポクポク打ち鳴らしながら「なんまんだー。なんまんだー。神様いるならバチ当ててみろー。仏さんいるならバチ当ててみろー。いるわきゃねーだろー、こんにゃろー。なんまんだー」とパンツ一丁で踊り狂って悪ふざけしたんです。

異変はその直後に起きました。突然身体が火照《ほて》りだし、震えが止まらないほどの高熱を出して、なんと僕はその場にバッタリ倒れてしまったのです。朦朧《もうろう》とする意識のなか、布団に寝かされながら見た両親の慌てた表情をいまでも覚えています。熱に侵されウンウンうなりながら僕は心から懺悔しました。

「これは絶対にバチが当たったんだ。神様はいる！　絶対にいるんだ！　ゴメンなさい！もう絶対にしません。神様や仏様を信じますので、許してください！」

と、子供心に必死に願ったのです。すると、不思議なことに熱がスーッと下がり、あっと

COLUMN.5

いう間に元の元気な状態に戻ったのです。この間ほんの1~2時間。信じられないことだが事実なんです。僕は神棚の前に飛んでいき強く手を合わせました。

「もうしませんので許してください！　これからは神様仏様を信じます。見えないものを信じます」

と誓ったのです。この不思議な体験を通して僕は神様の存在を信じるようになったのです。いまにして思えば、ワカと出会うための準備だったのでしょう。そのときは、ただの罰当たりな出来事でしかなくても、あとになってその本当の意味がわかるもの。神様が未来の準備のために仕向けてくれたのです。そのお陰でワカと出会ってから起きる不思議な出来事も自然と受け入れることができました。すべての出来事が現在の僕に生かされているのです。

そしてなにより驚いたのは、神仏を敬い、成功している人には意外とこういう体験をしている人が多いことでした。

知り合いのある社長さんは、神様が宿るといわれる山で、歩いて降りるのが面倒だからとビニールの袋でそり滑りをして遊びながら降りたところ、僕と同じように高熱を出して苦しんだそうです。それからは神仏を信じ、神様へのご挨拶は欠かさないといいます。その後、その方は大きな事業を見事に成功させました。神様からのメッセージを素直に受け入れる心が神様に愛されたのでしょう。ちなみにですが、この社長さんが登った山の神社と、僕の祖父母の神棚に祀られていた神社が同じだったのは偶然でしょうか？　厳しい神様もいたものです（笑）。

親には甘えていいんです。親は一番身近な神様です

ルルル……ロロロ……。電話の音で目が覚めた。

「だれだ、こんな朝っぱらから……」

と思いながら電話に出ると、受話器の向こうから聞きなれた声が響く。妻のお父さんだ。

「タカ。パソコンの調子が悪いんだ。ちょっと来て直してくれ」

それは大変。

「わかりました。すぐに行きまーす」

隣でワカが、

「お父さん、なんだって？」

といつものように朝稽古後の力士のようなカスカス声で聞いてきた。

「パソコンがトラブったらしいから見てくるよ」

「どうぞ、よろしく〜」

と言うと、再びワカはグースカピー。寝室は寝息セレナーデに戻る。僕は着替えるとすぐにマンションを出た。妻の実家は目と鼻の先。よく「スープの冷めない距離」なんて言うが、正真正銘のソレだ。

なぜなら、以前ワカがカップラーメンにお湯を注ぎ、それを持って実家に帰ったそうだが、まさにベストな食べ頃だったらしい。そう、ワカはいつでも実験している。たとえどんなにバカバカしいことでも、実際に「やってみよう！」という行動力はさすがである。でもそういう行動力が、龍神に守られる大きな理由でもあるらしい。なんせ龍神は行動する人間が大好きなのだ。

パソコンのトラブルはすぐに解決した。急ぎの仕事があるお父さんの役に立てたことがちょっとうれしい。帰ると、ワカが「ありがとう」と熱いお茶を入れてくれていた。

「タカ、おはよー」

ガガだ。

「おまえら、偉いじゃないか」

お、今日は珍しく誉め言葉からきたな。

「身内を大事にするのはいいことだよ。とくに親を大事にするのはね」

「当たり前じゃないですか？」

僕にとっては妻の実家は普通に行き来しているし、ワカがご飯をつくってくれないときは食事をパラサイトしている。だから、僕で役に立てるときは存分に立ちたい。

「しかし、最近は親を大切にせんヤツが多いのだよ」

「親のことを『ウザイ！』なんて言う人もいるわよね」

「仲良くすればいいのに。まあ、僕も親孝行してるかって聞かれたら大きなこと言えないけど」

突然、選挙に出ると言い出したり、会社を辞めてみたり。きっと心配かけてばかりだろう。

「では聞くが、親孝行ってなんだね？」

「うーん……。親に心配かけずに安心させてやること、ですかね」

「人って心配されたらうれしくないのかね？」

「うれしくない。心配されたくないもん」

「それに、心配とうれしさって真逆ではないかと。心配ってかけないようにするものだと教わってきたし。僕だって周りにわざわざ心配はかけたくありません……、うん？」

「では、そもそも心配ってなにかね？」

シンパイ。心配。心。配る。あ……。

「心配って心を配るってことですか！」

「ほう。おまえ、なかなか頭良くなったがね。ダメなヤツと思っていたが、やればデキるではないかね、素晴らしい！」

僕は果たして褒められているのか？　けなされているのか？

「よし。じゃあ、おまえ、いまから心を配ってみたまえ」

は？　心を配る？　とりあえず僕は立ち上がって、

「あ、どうぞ～。どうぞ～。そちらの方もいかがですか～」

と、さながら道端でティッシュを配布するような感じで「心を配るふり」をしてみた。

「ぶはは！　面白いがね。どうだ？　心を配るということがわかったかね？」

「わかりませんっ！」「わかんねーし！」

僕とワカがほぼ同時で声を上げた。果たしてガガはどこまで本気でやっているのだろうか？

「心を配るという心配はうれしいものなのだよ。心って見えないんだからな。その見えない心を配る。だから時折、親に電話の一本でもして心配することが大事なのだ」

「心を配ってもらっている、という気持ちがうれしいってこと？」

「この意味をわかって実行しているヤツがいま、圧倒的に少ない。なぜ親に対して『なにを話していいかわからん』という結論になるのだ？　親だろ？　おかしくないか？　おい答えろ！」

よっぽど腹に据えかねていたのか、立て板に水のように一気に話すガガ。だんだんヒートアップしてきて部屋の温度が上がる。

「昔の人間は親を大事にしたのだよ。しかしだ！　いまの人間は親と話をせんのだよ。じゃあ、親を嫌いかといったらそういうわけでもない。だって親が死ぬと、決まってみんなワンワン泣くのだ。死んでから後悔するヤツが多すぎるがね」

たしかにそれはわかる気がする。だから、「親孝行したいときには親はなし」なんてことわざがあるんだろう。親に気持ちを伝えられるのはいまだけ。

「そもそも一番の身内を喜ばせられんヤツが他人を喜ばせられるかね？」

「言われてみれば……」

「それに親を大切にするヤツは自然と先祖のことも大事にしているのだ。親孝行なのに墓参りに行かない、なんて人はおらんだろ。結果的に先祖供養につながっている。ご加護を受けやすくなるのは当然だがね」

「ちなみにですが」

僕は言葉を挟んだ。死んだあとの世界の話は、僕も聞きたいところだ。

「死んだあとに先に亡くなった家族には、会えたりするんでしょうか？」

僕は大好きだったばあちゃんに会いたいと思った。ばあちゃんが死んだとき、なぜかまた会えるような不思議な感覚があった。それが僕の錯覚なのかはわからないけれど。

「一度は会えるんじゃないかね」

ガガはそう言うと僕の返事を待たずに続けた。

「死んだ魂は、そのレベルによって行く場所・階層が違う。レベルの高い魂は高い階層に住み、低い魂は低いところにしか住めん。そして自分より下の階層には自由に行けるが、高いところには行けん。だからもし、自分の親が高い階層に入れば一度は会いに来てくれるだろうが、その後もまた会いに来てもらえるかは、自分の魂次第だろう」

「ゲッ！　天国にも階級があるの？」

「さよう。前に言ったろ。レベルの高い魂は早くこの世を卒業させて消耗を抑えようとするって。死んだあとは、自分と同等の魂しかいないところに住むわけだから心地いいんだよ。そこで次に人間界に生まれるまでのあいだ、また体力をチャージするのだ。まあ、充電さ」

「じゃあ死んだあとも、親や友達、だれにでも自由に会いたければ、自分の魂レベルを上げておかなきゃならないってことかぁ」

「たまにはおまえもちゃんと理解するがね。だからおまえも頑張って魂を成長させないと、死んだあとにコイツ（ワカ）と自由に会えんかもしれんぞ。コイツの魂のレベルは高いからね」

そんなこと言われなくたってわかってる！

「魂を成長させるというのは、死後の自分のためでもあるのだよ。そのうえ、人間界でも神様の後押しを受けられるようになるなら得だろう」

「いいこと尽くめじゃん！　そしてそのためには、親を大事にすることが大事ってことね」

やり取りのあと、僕も久しぶりに両親に電話をしようと思った。親だからあとでいいやと、どこかで後回しにしていた。でもそれはとても大事な人をわかっていなかったということだ。いくら神様を大切に思いましょうと言っても、親を大切にしなければなんの意味もない。だって僕たちよりも神様に近い存在、それが親なんだ。

日本の神様はみんな僕たち人間の祖先だ。天皇家の祖先は伊勢神宮のご祀神アマテラス、中臣《なかとみ》氏の祖先はアマノコヤネ、忌部《いんべ》氏はフトダマであり、これを氏神と言う。僕たちにも氏神様がいらっしゃって一族を守ってくれる神様なのだ（一族が離れて暮らす現代はその地域の人々を守る神様を氏神と言うようにもなったが）。ということは、自分よりも親、祖父母、そしてご先祖様はより神様に近い存在ということになる。一番身近な神様、それが親だ。

ルルル……ロロロ……呼び出し音。数秒後、久しぶりの聞きなれた声。僕をだれよりも愛してくれた人の声。

「もしもし？　母ちゃん、元気？　あのね……」

龍神の教え⑰

一番身近な親を大切にする。その心が神様につながる。

第5章

龍神に好かれる人、嫌われる人

龍神との別れは運気の低下。だが、絶対絶命のときこそ飛躍のチャンス

思えばこの数年、僕は完全に迷走のなかで苦しんでいた。エンジニアとして歩んできたキャリアを捨て、政治を学ぼうと会社を辞めた。きっかけは東日本大震災だ。多くの人の運命が変わったように、あの日から僕の人生も変わった。故郷の惨状を目の当たりにして、政治の停滞に憤りを覚えた。怒った、とにかく怒った。でも、ただ文句を言っているのが嫌だった。荒ぶるままにその年の県議選に無所属で出馬した。政治なんかひとつもわからない。怒りだけの出馬だった。当然結果は惨敗。再び職場に戻って仕事を続けた。でも、選挙を経験したことで「政治ってなんだ？」って強く思うようになっていた。

ある仮設住宅で言われた言葉が、いまでも痛い。まるで棘《とげ》のように。

「あんた無所属でしょ？　あの政党はこれをくれたよ。あっちはあれ。で、あんたはなにをくれるのさ？」

ショックだった。なにかくれれば票入れるって、政治ってそんな世界なの？　こんな世界じゃダメだと思った。「人間自体」が良くならないと、いつまで経っても国は良くならない。国が良くならなければ僕たちは楽しく生きていけないのだ。

なんとかしなきゃと思った。会社を飛び出して活動を始めた。とりあえず貯金があるうちは頑

張ろう。でも1年もすると、「自分のやっていることは正しいのか?」という疑問が湧き上がった。いくら頑張っても、連日メディアで取り上げられる政治家の不祥事、嫌な事件、人を陥れるマスメディア。なにもかも信じられなくなっていった。一体なにが正しいのかと叫びたかった。会社を辞めてから2年が経とうとしていた。貯金も尽きそうだった。でも、ここまでの苦労を簡単にあきらめたくない。そんなときに出会ったのが龍神ガガだったのだ。そこから導かれるままに全国の神社に参拝し、僕は心を取り戻した。日本の文化である「古事記」を学びながら、いまの日本人が取り戻すべきなのはこの心だと強く感じるようになった。

それはもう確信だった。

それなのに。それなのに、こんなことになるなんて……。

ヤバい、どうしよう……。

「タカ! ガガ、本当にいなくなっちゃったよ。どうすんのよ、マジで!」

ワカが青ざめた顔でわめき立てている。一体なにがどうなったのか、わからないまま僕もただ呆然としていた。

「本当に出ていったの?」

恐る恐る聞いてみたが、ワカのその表情を見れば返事を聞くまでもなかった。

「ど、どうしよう。俺のせいだ……」

時をさかのぼること数時間前。僕はいつものようにガガの話をしっかり頭に叩き込もうと、それはそれは真面目に聞いていた。でも、僕とガガは感覚が異なる。僕は元来のエンジニア気質のせいか、その理由を噛み砕いてロジカルに説明されないと納得できない性格だ。要は頭が固くて応用が利かないのである。

「え、ゴミを拾うといいって言ったじゃないですか？」

「そんなの状況によるだろ。タカ、おまえバカかね？　人混みで無理に拾って他人に迷惑かけたら全然意味ないがね」

「え、じゃあ人がいるときは拾わなくていいということですか？　それぞれのケースを教えてください。メモして参考にします」

「そんなのそのときの感覚で判断すればいいがね！　そもそも『こうしなければならない』という問題ではないがね！」

「だけど、その行動ひとつで『良い』『悪い』があるわけですよね？　なら、なにをすれば良いのか悪いのか、そのパターンと参考の行動ケースが必要です」

「おまえは本当にわからんヤツだがね！（怒）」

僕は本気でガガの言うことを理解しようとしていただけなんだ。でもこれはすべて「理論的な説明を求めることが正しい」という僕の固定概念であることは間違いなかった。そして僕は言ってはならないことを言ってしまったのだ。

「ハッキリ言ってガガさんの説明は全然わかりません」

「なにぃーーーっ？」

「もっと的確にわかりやすく教えてもらわないと困ります！」

そう叫んだ。

「あ、ヤバっ！　タカ、ダメだよっ！」

ワカの言葉も耳に入らない。その瞬間、ゴゴゴと地鳴りのような音が聞こえた。

「もういいがね！　我の教えはおまえには合わんようだな。わからず屋だとは思っていたが、ここまで屁理屈言われたらお手上げだがね！」

開け放った窓からブワーっと大きな風が吹き抜けた。

「さらばだ」

そう言い残すとガガは消えた。龍神の気配が消えてしまったのだ。

「ぼ、僕は本気でガガの言うことを理解しようとしただけなのに……」

頭のなかの整理ができない。僕がガガを怒らせたのは事実だ。でも、ガガはワカの守り神だろう？　ワカのことも捨てるのか？　そう考えると沸々と怒りが込み上げてきた。いくら龍神とはいってても人の真剣さを認めてもくれず、感情で見放していなくなるなんて！　僕は怒りに震えて怒鳴った。

「ガガァ！　無責任だぞー！　くそーーーっ！」

しかし、当のワカは意外にも冷静だった。

「仕方ないでしょ、タカが怒らせたんだから」

「あいつがわけわからんこと言うからだろっ！　俺は一生懸命やっていた！」

本心では自分の不甲斐なさを知っていた。でも、認めたくなかった。

「また頑張って成長すればきっと戻ってきてくれるって。ガガいいヤツだもん」

そう言われるとますます頭にきた。

「くそっ！　なにが龍神だ、なにが神様だ！　そもそも本当にあいつが神様なのかよっ！」

僕は完全に我を失っていた。一体どうすればいいんだ？　僕は、僕はこれからどうすればいいんだ？　ガガと出会えて、やっと自分のやるべきことを見つけたと思ったのに。その矢先の「ガガに見捨てられる」という事態。僕は茫然自失で天を仰ぐことしかできなかった。僕はどうしたらいいの？　生活は？　仕事は？　これまでやってきたことはすべて無駄だったの？　もうなにも考えられなくなっていた。

そのときワカがつぶやいた。

「あ、なんかいる……」

え、なに？　変なものだったらどうしよう。僕は一瞬ビビって、ぶるっと身体を震わせた。しかし、そこにかすかにガガの気配を感じた。ワカの通訳が始まる。

「おまえのようなわからず屋には、その出来損ないの消えかけた黒い龍がお似合いだがね。ダメな者同士せいぜい仲良くやるがね、ふん！」

そして本当にガガはいなくなった。

まるで置き土産のように残されたのは「影のような気配の龍神」だという。

「話せる……？」

「もちろん」

ワカの通訳によればこうだ。聞けば龍神なのに頭が固くてだれともうまくやれずに、自信を失い、いまにも消えそうな小さな黒い龍神なのだそうだ。しかもちょっと奇形。

この黒い龍神を生かすためには僕が頑張って自分の心と魂を成長させるしかなく、そしてまた黒い龍神もそれを成し遂げないと自分自身が消えてしまうのだという。強制的にお互いがお互いを助けなければあとがない運命共同体である。僕に残された道は「この黒い龍神と共に一人前の魂になること」しかないという。まさに崖っぷち。背水の陣だ。

僕たちは黒い龍をとりあえず黒龍《こくりゅう》と呼ぶことにした。ガガがいなくなったいま、彼の名前を考えられる余裕はなかった。黒龍は静かに話し始めた。

「私は落ちこぼれの龍神です。ガガさんのような強い力もありません。頭も心も固く、臆病で、ほかの龍神たちの仲間にもなれませんでした。私は自分の考えが正しいとしか思いませんでした。しかし、私の身体はどんどん暗く黒くなり、いまではもう龍の形も忘れてしまいました。私は自分中心にしか考えない融通の利かない、ただの意地っ張りだったことに気がつきました。私に残された道はたったひとつ。自分と同じような人間を成長させること。そして、その成長した魂を栄養にして自分自身で回復すること。私は一生懸命頑張ります。ですから元の龍神の形に戻れるように力を貸してほしいのです。どうかお願いします」

「……」

ガガとは打って変わって、なんて丁寧で実直な話し方だろう。

僕は強烈な親近感を覚えた。きっとこの黒龍も本気で自分が正しいと思って頑張ってきたんだろう。でも、視野が狭くて独りよがりになって、小さな殻のなかでもがいた結果、こんなふうになってしまった。

まるで自分だ。僕も自分が一番正しいと思ってそれ以外の考えは淘汰してきた。きっと周りの人たちは大変だったろう。だって、僕と違う考えを言ったら厳しく批判されるから。なにを言うにも慎重だったに違いない。僕に本音なんか言えっこない。それでも僕自身はそんなこと気づかず、いや気づこうともせず、周りの意見を寛大に聞いていた気でいたのだ。俺、なんて嫌なヤツだろう。

たぶん僕が周りと上手くやってこれたのは、ワカのフォローがあったからだ。周囲と僕のあいだで、お互いが折り合いをつけ、だれにも不満を持たせず収まるべきところにうまく収める。そんなことを長いあいださりげなくしてくれていたのだ。いま、自分に残された黒龍とさえ、ワカがいないと直接話すことができない。僕は心から情けなく、そして申し訳ないと思った。

その夜は眠れなかった。冴えた頭にいろんな考えが浮かぶ。自分が正しいという考えを決して曲げない最大の過ち。そんな罪を犯していた僕を、きっとガガは黒龍と組ませることで自分から気づかせようとしたのだろう。

ならばやるしかない。本気で黒龍と一緒に成長して、ガガに戻ってきてもらうしかない。でも、どうすればいいんだろう。僕は心のなかで黒龍に話しかけてみた。

（黒龍さん、僕はあなたになにができますか？　そして、自分ではなにをすればいいのでしょうか……）

黒龍が答えた（気がした）。

（私は自分のことしか考えませんでした。それで、相手の意見を遠ざけていたのです。だからまず、ほかの龍神に話しかけてみたいと思います。経験がないからどうなるかはわからないけれど、まずはやってみたいのです）

そう言うと、黒龍は身をひるがえして仲間のところに飛んでいった。僕も眠りに落ちていった……。

手に入れよう、愛される力。龍神はこんなあなたを求めている

翌日から僕は人の意見をよく聞くよう心がけ、行動を変えるよう努力し始めた。

昨日までは自分の考えだけにこだわっていたけれど、相手の話を聞くようになると意外に面白

い気づきがあった。それまで、「この人の意見は自分と違う」と思うとその人のすべてが嫌だったが、先入観を取っ払って話してみると「なるほど」と納得するところもたくさんあったのだ。

そして以前ガガにやらされたことを思い出した。「チャーハンはなぜ丸く盛りつけられているのか？」、その解を出すために人に聞いて回れとガガは言った。正直、ガガのワガママに付き合っているだけで意味があるとは思えなかった。

僕は勝手に「見た目を良くするため」だと思い込んでいた。ところが、聞いて回るといろんな意見が出てきたのだ。

「中華料理で使う調理器具、おたまの形がそのまま出ただけ」

「ひとり分の量をわかりやすくしている」

「チャーハンはそう決まっているから」

聞けば聞くほど意見が出てくる。僕と同じことを言う人はいなかった。みんな見方が違ったのだ。つまり、「解はひとつではない」。ここにこそガガの目的があったんだ。自分だけが正しい、ほかの考えがあるわけがない。僕は知らず知らずに視野が狭くなって他を受け入れる隙間をどんどん狭めていた。ガガは僕にそれを気づかせようとしてくれていたんだ。

決して事細かな指示は出さないガガ。でもこうやって、僕が自分で気づくためのヒントを出してくれていた。僕はそんな思いにも気づかずに、

「言っていることがわからない」

と反抗してしまった。それは龍神に聞けばなんでも教えてくれる、細かい指示をもらえるというただの甘えでしかない。

そもそも龍神だって人間のすべてを細かく知っているわけじゃないのだ。パソコンを見て「おい、この箱なんだね？」と聞いてきたり、スマホをいじってる人たちを見て、「いまの人間はみんな小さな板を持って歩いとるが、あの板って、いったいなにかね？」と聞いてきたくらいだ。これはきっとほかの神様も同じだろう。それでも人間がこうなりたい、ああしたい、と願って行動したことを叶える後押しをしてくれるのだ。

つまりいくら人間が願っても、行動しなければ龍神だって神様だって助けられない。だから視野を広げることや実際に動くことが大事なんだ。それに皆も助言を求められるとうれしいらしく、率先して答えてくれたのも思わぬ発見だった。僕にとっては「人の話を聞いてみる」というたったひとつの行動だけで、多くのことを学べた気がした。

龍神の教え⑱

解はひとつではない。まずは人の話を聞く。そこから世界も未来も広がっていく。

龍神も本心が知りたい。裸の心でぶつかろう

「タカさん。ほかの龍神に話しかけたらみんな驚いていましたが、私が知らない面白いことをたくさん教えてくれました。自分の心を開くって大事なんですね」

黒龍も同じことを実感したようだ。とはいえ、ワカに言わせればまだまだ足りないらしい。そりゃそうである。長年この考えでやってきたのだから、そう簡単にいくわけがない。そこでワカから提案が出た。

「ねえ、もっとおしゃべりしない？　ただ感情のままにさ」

黒龍の話では、人間は通常一日に約５万回思考するそうだ。それが僕の場合はその３倍らしい。その多すぎる思考が直感で感じることを阻害しているのだという。だからまず、「思考を減らす」訓練が必要というわけだ。

僕には理論的に筋道を立てないと話せない傾向がある。どんなに楽しいときでも感情が先走ることがなく、設計図のように話を組み立ててしまう。これはまあ、仕事ならいいだろう。でも日常の「おしゃべり」でこれをやっては面白くない。とくに感情が溢れるときは、そんなことできっこないのだ。

「はい。んじゃ、感情のままおしゃべりして。ほら、早く！」

「え、あ、うーんと……」

これがなかなか難しい。計算してしゃべる癖が染みついている。

でも意外とそういう人は多いんじゃないだろうか？　龍神が人間とコンビを組めなくなった理由のひとつは、「損得で動く人間が増えた」ことだという。心で感じた良し悪しではなく、計算したうえでどちらが得かを考えて行動してしまう。そうすると、本当は嫌なのに「得だからこっちを選んだ」と無理に納得させるのだそうだ。これが裏腹だ。

龍神や神様は「心から願った本物の願い」しか後押しできない。裏腹な行動が増えれば、神様に助けてもらえないのも当然だ。いくら「感謝している」と口で言ったって、心からの気持ちがなければそれは裏腹な行動でしかない。当然、神様の心にも響かない。

だから、心で感じたままにしゃべる練習が僕には必要なんだ。

「この料理、どう？」

「ん？　ウマい」

「そうそう。それそれ！」

「えっ？　そうなの？　これなの？」

「そうだよ！　これがおしゃべり！　タカはこれは何科の野菜で調味料がどうちゃら、生産場所がどうちゃらってそんな理屈しか言わないんだもん。別にさ、いいじゃん、そんなの！　ご飯がおいしければ『ウマい』でいいの。ウマいで！」

「うん、ウマいよ。すごくウマい」

なんと。たったこれだけで良かったとは。

「じゃあ今度は、この本を読んだ感想を教えてよ」

ワカが差し出してきたのは僕が数日前に読み終えた本だった。堅い実用書しか読まない僕が、なんだか読んでみたくなり、初めて読んだ小説だ。あっという間に読み終えた感動が、いまも心に残っていた。

「すっげー面白かった。次の展開が楽しみでどんどん読んじゃった」

「できるじゃん。それなのよ！　中身がどうのこうのなんて関係ない。タカがすごい感動しながら楽しく読んだんだ、ってのが伝わってきた」

「これでいいんだ……」

僕は、すべての会話には意味がなければいけないと思っていた。なぜ、おいしいのか。計算された調味料が施されているから。もしくは良い産地の適切な食材を使っているから。なぜ、楽しいのか。ワカのキャラクターが周囲を和ますから。なぜ、ガガがいなくなったのか。僕が自分の気持ちだけを大事にしてしまったから。なぜ、ガガがいないと寂しいのか。それは……ガガが好きだから。なぜ、ガガを好きなのか。……くそ、わかんねえよ。好きに理由なんてない。好きなもんは好きなんだよ。そうか、これなのか。気のせいか味噌汁がいつもよりしょっぱい。

「こ、この味噌汁、しょっぱくない？」

「うん、しょっぱいだろうね。タカ、涙が口に流れてるから」

そうか、涙ってしょっぱいんだ。僕はワカといろいろな「おしゃべり」を続けた。そんな他愛のないことをひとつひとつ教えられながら、少しずつ感情での「おしゃべり」ができるようになっていった。

龍神の教え⑲

龍神や神様は心から願った本物の願いしか後押しできない。感じたことを素直に言葉に。

最高霊性の国・日本をつくったちょーポジティブな神様はだれだ？

「でもやっぱり、タカの『こうしなければならない論』は捨てないとね。そんなに思考ばかりの固い頭じゃ、龍神に好かれる魂にはなれないよ。第一つまらない！」

「う……、わかってるよ」

「そもそも人間的な温かさがないのよね。ロボットかコンピュータみたい。すべての行動パターンがプログラミングされていて、間違ったら指摘されそうでみんな恐れるのよ、うん」

そうだったのか。頭ではわかる。でも、実行することはなかなか難しい。またすぐに考え始めてしまう自分に気づいては、なんとか修正する毎日だった。

そして、そんな状態の僕が黒龍と一緒にいることができたのは、古事記を学んでいたかららしいと知った。神様のことを学ぶ心が、かろうじて僕の魂を救ってくれていたのだ。そして僕が本当の意味で救われたのも古事記だった。

友達とイザナギの話をしたときのことだ。

「イザナギって本当にダメな神様だって思ってたけど、神様をそういうふうに思うのってイケナイことかな?って、ずっとだれにも言えなかったんだ。でも、そう感じるのはが自分だけじゃなかったってちょっとホッとしたよ」

そう。イザナギという神様は本当に感情的。妻が火の神を生んだことで大火傷を負って死んだことを嘆き、こともあろうに生まれたばかりの火の神を斬り殺してしまう。そして妻を連れ戻そうと黄泉の国まで追いかけていくものの、妻との約束をあっさり破り一目散に逃げ出してしまうのだ。そして怒った妻に追いかけられる始末。それでも決してクヨクヨせずに前を向いて穢れを払ったときに、日本の最高神であるアマテラスをお生みになったのだ。

僕はそんな人間味あるイザナギの話で神様に親近感を持ってもらおうと、よくネタにしていた。イザナギはたくさんの勇気を僕にくれた。過去の罪を悔い改めることは大事だ。でもそれ以上に大事なのはクヨクヨせずに前に進む勇気。それまでの僕は、過去の失敗を気にして「間違わないように」という感情に支配されていた。だから理屈でなんとか誤魔化していた。

だけどそれは、自分の未来予想の「失敗」につねにフォーカスしていたようなものだ。つねに「成功」を信じて行動することが大切なんだと、そのとき心から思った。なぜなら、「成功」の反対は「失敗」ではないから。失敗は成功するための「過程」に過ぎない。成功の反対は「行動しないこと」である。

僕が理屈をこねてばかりいたのは動くのが怖かったからだ。だから失敗したときの「理由付け」を探していた。ガガに「この場合は？」と聞き続けたのも、きっと失敗したときに「ガガに言われた通りにしたのにダメだった」という言い訳をつくっていたに過ぎなかったのだ。

古事記を読むと日本の神様はみんなダメダメな話ばかりだ。だけど、外国の一神教のような完全無欠の神様には絶対にできないことがたったひとつある。それは「成長」。神様でさえ失敗を繰り返して、成長して大きくなっていったんだ。そう思ったら僕も目の前が明るくなった気がした。小さな失敗は気にせずにやりたいことをやるくらいの気持ちになれば、僕も成長できる！と、少し楽になった。

龍神の教え⑳
成功をひたすら信じて進め。失敗は成功の過程に過ぎない。

僕は朝から自転車を飛ばしてある神社へ向かっていた。なにもかもがクリアで清々しい。こんな気持ちは久しぶりだった。風を切って走る。僕に黒龍の声は聞こえないのに、一緒に風を楽しんでいる気がした。

キィーーーッ。ブレーキ音。ここは多賀神社。仙台で最も古い神社でイザナギが祀られている。イザナギに会いたくてここへ来た。古い社殿だけど、お手水舎もきれいで大事に管理されているのがわかる。境内には竹ぼうきがあった。僕は素直な気持ちで境内を掃いた。境内の木々が美しく、葉のあいだから差してくる光がまぶしい。前にガガに教わったように拝殿に立つとお賽銭を入れた。チャリーン。手を合わせる。すると突然、風が吹き、いい香りが漂ってきた。それは初めての感覚だった。初めて神様のメッセージを明確にもらえた気がした。

これまでワカに頼ってばかりで、自分で「見えないもの」とのコミュニケーションを取ろうとしたことがなかった。ガガの話では、「見えないものを感じる力」は霊感ではなく「共感覚」というものらしい。だれでも「今日はこの人機嫌悪そう」とか、「あの先生なんかいいことあったのかな」って感じるときがあるだろう。表情や声の感じ、身振りなどからなんとなく感じる相手の気持ち。これが共感覚なんだそうだ。だから「空気が読めない」人は、この共感覚が弱いということらしい。そしてこの共感覚が優れている人が、「見えないものまで感じられる」という。

簡単にいえば、「神様とか霊の気配を感じる」ことなのだそうだ。これはある程度は後天的にも鍛えられるらしく、自然のなかで「五感」を意識すると強くなる、とガガが教えてくれた。

だから、いまでは僕も「五感」を意識して生活するようになった。すると、「この花はこんな香り」とか「そろそろ冬の匂いがする」とか、いままで気づかなかった感覚に気づけ、毎日新しい発見ができるように変化していった。なんだか生まれ変わったような瑞々《みずみず》しい気持ちで日々を送れるようになっていったのだ。ちょっとくすぐったいけれど……。

龍神の教え㉑
見えないものを感じる「共感覚」を磨こう。風や季節を五感で楽しもう。

龍神に嫌われちゃった人の挽回方法教えます！

「久々にチャリンコ乗ったら気持ちよかった。なんか黒龍も喜んでた気がする」

今日の出来事をおしゃべりしながら、僕は晩ごはんを食べていた。夕餉《ゆうげ》は炊き込みご飯と焼き魚。ウマい。

少しずつだが自分が楽になっているのを実感していた。感情でおしゃべりするようになった僕の雰囲気が変わったのか、人が寄ってきてくれるようになった。「なんか優しくなったね」と褒められるようにもなった。僕は成長できているのだろうか。

「ねえワカ。きっとガガは戻ってきてくれる。うまく説明できないけど、なんかそう思うんだ」

「ああ、早く戻ってきてほしい。タカとふたりだと頑固なおばあさんになっちゃいそう」

「そ、それは言いすぎじゃ……」

そんな話をしていると黒龍が割って入ってきた。

「おっと黒龍号の登場だわ」

ワカの通訳が始まる。

「タカさん、わかりましたよ」

「わかった？　なにがですか」

僕は箸を置いて聞く。

「龍神に好かれる人の究極の答えがわかったのです」

「ホントですか！　教えてください」

黒龍はあちこち回って、龍神が付く人と付かない人の違いを観察してきたという。そして、あるひとつの条件を発見したというのだ。

「どうか」

僕は深く頭を下げた。この答えが出せれば、ガガに戻ってもらえるかもしれないと思ったのだ。

「それは、頼られる人はそれだけで龍神に好かれコンビを組めるということです」

「頼られる人？　どういうことですか」

「まず、龍神が付いている人の特徴は周りから頼られる存在なんです。プロフェッショナルな人。理由はないけどこの人なら大丈夫と思われる人。つまり心が自立した人たちです」

「やっぱり……」

「ですから、依存性の強い人は決して龍神とコンビを組むことはできません。『頼られる』のは真の強さ、折れない強さがある証拠なのです」

「そうか……」

僕は、ワカから「あの人には龍神が付いてるよ」と教えられた人たちを思い浮かべた。

みんな回りから頼られる人たちばかりだった。逆にいくら龍神の話をして意識を持っても、なかなか付いてもらえない人もいる。そういう人は最後の最後で人任せにする依存性があった。

恋人を想像したときに、「恋愛ならいいけど結婚を考えるとなんか頼りない」と言えばわかりやすいだろうか。自分で物事を決められない。いや、決めないのだ。すぐにだれかに意見を求める。意見を求めてもいい。でも、最後は自分で決めなくちゃならない。そんな人任せでは結婚まで至らない。

黒龍は少し興奮した様子で続けた。

「そして頼られる人はみんな、素直です。偏屈な人は頼られません」

それなら、僕のように理屈っぽくて偏屈な人間が好かれないのは当然だ。人間も神様も、なにかを動かしているのは知識ではない。感情、すなわち心だ。

……溶けた。心のなかの固い石が溶けていった。僕はすべてを理解した気がした。

「楽しいときはみんな素直なんですよ。でも逆境にあるとき、人は素直じゃなくなります。だれだって耳に痛いことは聞きたくありませんからね、タカさんも私も」

「はい……」

「でもそういう耳の痛いことも受け入れて、そこで初めて直せるんです。ダメなところを直す。それが『成長』です。ガガさんも『龍神は成長する魂が栄養になる』って言いましたよね？」

「いま、理解できました……」

「それに頼られる人は、それに応えることで相手が喜ぶことを知っています。だから龍神にも素直に頼ることができるんです。だれだって頼られるのはうれしいですからね」

僕は自分に絶対的に足りないものがわかった。そしてなぜワカがこれだけみんなに好かれるのか、その理由もわかったのだ。

ワカは周りの人を安心させる「笑顔」という武器を持っている。自分がどんなに不安でも、決してそれを人には見せない。ニカっと笑顔で「大丈夫だよ！」と言うのである。それが本当に頼もしいのだ。みんな惹かれてワカのところへやってくる。僕ではなくワカのところに。

そんなワカが本当はうらやましかった。でもそれは、彼女に特別な能力があるからだと思い込んでいた。だから「大丈夫！」って言えるんだろ、と。でも全然違った。ワカはつねに相手の気持ちを考えて「大丈夫だよ。私を信じろ！」と言っていた。すると相手は、「ワカちゃんがそう言ってくれたから大丈夫だ」と安心する。前向きな気持ちで頑張るからいい結果が出るんだ。

これは特別な力があるからできるんじゃない。それを言える勇気さえあれば、だれでもできることなんだ。

人を安心させる→その人が明るく前向きに頑張るように勇気づける→結果が出る→感謝する、そうやって感謝の気持ちが循環してお互いが幸せになれるのである。

「知らず知らずのうちに『神様に好かれる行動』をしていたのだよ」

ガガの言葉が心に響く。

僕は自分の未熟さを思い知った。痛切に。そして同時にワカに一番心配をかけ、「大丈夫だよ」と言わせていたのは僕自身だとやっと気がついた。悔しかった。でも、進まなければ。自分自身の成長のために。これからは「大丈夫だよ」と人に言える勇気を持とう。そして一番最初に、それを言うべき人がいる。僕はワカに宣言した。

「大丈夫だよ。僕が絶対にガガを呼び戻してみせるから」

僕がそう言った瞬間、部屋の空気が一瞬震えた。

あ……。この感覚。ゴゴゴという音。風が吹いた。

「ふん！　少しは食える魂になったかね」

「ガガだーーっ！　帰ってきた！」

ワカが飛び上がって叫んだ。

ガガ？　ガガが戻ってきてくれたの？　本当か？　胸がドキドキする。

「ガガ、ガガ。お願いです。また一緒に暮らしてください！」

僕も叫んだ。すると、黒龍が言った。

「大丈夫ですよ。実はガガさんは気配を消していつもそばにいてくれたのです。あなたが自分で気がつくように。あなたが成長してくれたおかげで、私の姿も随分復活しました。ありがとう」

黒龍も龍神の形に戻ってきたらしい。色は相変わらず影のようだが、龍の姿を取り戻したという。

「ガガ……さん……あの……」

「ふん。我はおまえに『邪魔だ。出ていけ！』と言われてツラい放浪の旅に出ていたがね。ラジオもない、テレビもない、居場所なき悲しい龍神の放浪だがね」

ラジオもテレビも必要ないくせに。戻ってきて早速の恨み節たっぷりのガガである。

「戻ってきてくれて……ありがとうございます。でも、僕は出ていけなんて言ってない。いくらなんでも誇張しすぎでしょう」

「ふん。悲しい龍神の放浪だったがね。我は本当に傷ついたのだよ。心が痛んだのだよ。おまえ、我の言うことはわけがわからんって言ったがね。どうせ我は話がわからん龍神だがね。おまえのおかげで我は……クドクドクド」

ガガの恨み節は続く。しかし、いまはいくら嫌味を言われようと構わない。ガガがいなくなってからの2カ月間、僕も必死に頑張った。一時、本当に黒龍が消えかけたこともあったようだが、「なにか」の力で助けられていたらしい（それがガガの力だったことは言うまでもない）。ありがたかった。心の底からからありがたいと思ったのだ。これが考えることじゃなく、「心から感じる」ということかもしれない。そう思った瞬間、黒龍がニッコリ笑った気がした。

龍神の教え㉒

頼られる人になる。周りが安心する笑顔を心がける。それが幸せの循環をつくり出す。

第6章

龍神が魅了される日本人の心性

龍神と人間はラブゲーム。両思いになる方法はコレだ

「タカ、おはよー」

ワカが起きてくると、ガガが挨拶してくる日常が戻ってきた。ガガがいなくなった2カ月間、僕もいろいろなことを学んだ。自分の考えを押し付ける癖を改めた。心の声を聞き、自分に嘘をつくのをやめた。少しは自分を成長させられただろうか？

でも、ガガが戻ってきてくれたんだから、「これでいいんだ」とちょっとだけ自分を認めてあげよう。ワカとガガとの奇妙な共同生活、いや、いまは黒龍を加えたふたりと2柱と言うべきだろうか（それにうちには猫もいるからけっこう大家族だ）。

賑やかな「たったいま」を僕は心底幸せだと思った。違う点と言えば……、

「タカは我の言うことはわからんとイジメたがね」

「い、いえ……」

「おまえは本当に神様か？とも言ったな」

「うっ……」

「出ていけとも言ったがね」

と、ガガに悪態をつかれるようになったことか。

「そ、そんなこと言ってませんって。僕はただ……」

「いや、言ったがね。言ってることわからねえんだバカ。おまえみたいな龍神は消えちまえ。早くどっかに行っちまえって、我は言われたがね。我は傷ついたのだよ」

「えっ……そんなぁ」

「おまえは龍神を傷つけたのだがね。可哀想な龍神は、当てのないひとり旅に出たがね、数時間の……」

なるほど龍神の時間軸ではほんの数時間の感覚だったわけだ。しかし、日に日に僕の悪者ぶりが誇張されている……。

「そんでさ、ガガ。ひとり旅はどうだったわけ？　龍神の助けを求めてる人いっぱいいたんじゃない？」

責められる僕に同情したのか、ワカが助け舟を出してくれる。関節を伸ばすストレッチをしながら。

「大勢いたがね。龍神を探している人間も、人間を探している龍神もそりゃたんまりいたがね」

「へえ！　じゃあ、早くたくさんのコンビが結成されるといいね」

「だが、以前と比べて龍神と人間の距離は随分近づいていたな。龍神が送るサインに気づいてくれる者がどんどん増えてほしいがね」

最初は小さな願いがちょこちょこ叶うようになる、だんだん物事がスムーズに進む、双竜の八、無限大の8、龍の絵や文字、これらを目にすることが多くなる。虹に、聖域での突然の風、神社参拝のあとのにわか雨、それから……。

龍神からの「そばにいる」サインは日常に溢れている。それだけ多くの龍神が僕たちに力を貸してくれようとしているのだ。それには僕らも龍神に好かれるように過ごさなくては……。ん？ そういえばちょっと気になることがある。

「ガガさんはワカが子供のころから一緒にいたんですよね？」

「さよう、文句あるかね？」

だから文句なんてないから。

「龍神はおいしい魂に付くって言いますけど、ワカの魂は生まれたときからウマかったんですか？」

「前に言ったろ、魂は長い旅をしていると。覚えてるかね？」

「ええ」

「こいつの魂は前世、前前世、さらにその前もウマかったから目を付けていたのだ」

「ははあ、なるほど。生まれる前から目を付けられてたんだ」

「じゃ私、ストーカーされてたってこと？ 龍神に（笑）」

こんなストーカーなら大歓迎だ。

「あとは、一族そろってウマい魂だと、その一族を守る龍神になる場合もあるがね」

「龍神から見れば、生まれたときがスタートってわけじゃないんですね」

「さよう。昔から我はコイツを守ってきたのにコイツはずっと気づかなかった。いくらサインを送っても全く無視だがね。この寂しい気持ちがわかるかね？　我は昔から孤独なのだよ」

ガガの反抗期。

「そりゃ悪かったって思うけど、わからなかったんだから勘弁してよ〜。それにいま気づいたんだからいいじゃん。結果オーライ。問題なし」

あっけらかんと答える我が妻、ワカ。さすが根性が据わっている。

「まあ、我の場合は良かったがね。さっきも言ったが、せっかく力を貸そうと近づいていったのに気づかれず、寂しい思いをしてる龍神のほうが断然多いのだよ」

「もったいない。じゃあ、いつまでも気づかれない場合はどうなるんですか？」

「その人間の人となりにもよるが、どこかであきらめて去ることが多いがね。龍神だっていつまでも寂しいのは嫌なのだよ。おまえらだって一生の片思いなんてやってられんだろう？」

「まぁ、たしかに」

「あとは龍神に嫌われる行動を取った場合も離れるね。とくに悪意によって人を陥れる行為をしたら一発。バイバイだがね」

「悪意ですか？」

「さよう。ワザと人を傷つけたり嫌な思いをさせる。龍神は悪意が嫌いなのだ」

「気分屋とか人に変な気を使わせる人も嫌いだよね、ガガ」

「嫌いだね。そういうヤツは運が悪くなると決まって人のせいにする。自分で蒔いた種なのに。悪意があれば龍神は離れる。龍神は神様との縁を司っているから、多くの縁が切れてしまう」

龍神との別れは運気低下の始まり……うぅ、嫌だ。もう絶対に龍神に去られるようなことはしないぞ。僕は固く誓う。

「まあ、しかしそんなに恐れることはないがね。一日一日を一生懸命に生きていれば、いくら寂しがり屋の龍神でもそんなにすぐにはサヨナラせんがね」

「ああ、あいつ嫌なヤツ！って思うことも悪意なのかな？」

「思うだけなら構わんだろ、感情のある人間なんだからな。我が言うのはそこから先だがね、ネガティブな感情だけで行動するなってことさ」

ほ、よかった。

「ちなみに龍神と人間の相性もあるんですか？　ガガさんがワカに付いているように」

「そりゃあるがね。人となりもあると言ったろう。一緒にいたい人間もおれば、いたくない人間もおる」

「まあ、人間はそうですが、神様も？」

「我らも同じさ。『この人悪い人じゃないけど一緒にいると疲れる』とか、逆に『この人要領は悪いけど、一緒にいるとなぜか楽しい』という感じ。一緒だろ？」

「ああ〜、あるある。マジである」

ワカの頭のなかには果たしていまだれが浮かんでいるのだろうか……。しかしなるほど、面白い。龍神にも性格があり、マッチングする龍神と人間がコンビを組むことになるわけだ。

（なるほど。だからガガはこういう性格なわけだな）

「ワカに付いていたからこうなったのか？　それともガガが守っていたからワカがこうなったのか？　はたまたお互い元々……」

「なにか言ったかね？」「なにか言った？」

ガガとワカがほぼ同時に声を上げた。もちろんガガの声はワカが通訳しているのだが、なんとなくわかる（気のせいか以前より息が合っている）。

「い、いや。なにも言っていないですよ。お気になさらず。とはいえですよ、この世では相性がいい人とだけ付き合うわけにはいかないし。会社や学校で気の合わない人ともうまくやっていかなきゃならないのは、やっぱり人間界での修行なんでしょうか？」

「そりゃおまえ、ある程度は当然だがね」

ガガが鋭い目で僕を睨みつけるように言葉を投げてくる。

「なんのために人間界には天国に行くヤツから地獄へ行くようなヤツまでそろってるんだね。よく魂がきれいなヤツはホームレスとか、山に籠った仙人みたいなのに多いと言うが、その多くは逃げだ。魂がきれいなだけじゃダメだがね。気の合わないヤツもいる、嫌なヤツもいる。そういうヤツとも社会のなかで付き合いながら魂を磨く修行のために、人間という形で生まれてくるのだからな」

やっぱり、そううまくはいかない。でも、そこに必ず学びがあることをいまの僕は理解できる。

「だからこの世は修行なんですね」

「だが、安心するがね。人生に真剣に取り組むヤツには我々が手を貸す。物事がうまく進むようにな」

「相性のいい神様や龍神が守ってくれる。これはまさにチームですね」

「チームか。タカ、うまいこと言うじゃないか」

「いやぁ、それほどでも」

「スポーツだってそうだろ。たとえ個人競技でも、仲間がいれば練習の幅が広がる。我々は、優秀なコーチの役割だがね。選手の技術が上がるように練習メニューを組んだり、余計な邪魔が入らないように環境を整えたり、次元を超えてプログラムを組む。人間には想像もし得ない方法でな。自分担当の選手には活躍してほしいがね、当然」

「それが相性の意味ですか」

「まあ、我はあくまでコイツ（ワカ）専属だがね。おまえみたいな小者はついでに過ぎん」

あくまで僕は、ついで。しかも小者って……。でも、いまの僕には黒龍がいる。黒龍と僕、最高の相性だと思う。

龍神の教え㉓

龍神からの「そばにいる」サインは日常に溢れている。「八」「虹」「風」「雨」……。

祭りはなぜ楽しいか？　ワクワクの法則が見えてきた

「人間だって友達と付き合うのにいちいちルールを決めるかね？」

「いや、ルールはないようなあるような」

「最低限、相手を傷つけたり陥れたりせずに、楽しい関係をつくれればそれでいいだろ？　大切なのは人間にも龍神にも、そして神様にも好かれる魅力的な人間になることだがね」

「たしかに！　神様との関係も一緒っていうわけですね。最近は神様と仲良くなるための本がやたらと増えてますけど」

「おまえは根本的に『こうしなければ』『ああしなければ』と固く考えてしまう癖があったがね。それ自体を改めなければ、我がいくら教えてもダメだったのだ。だから黒龍と一緒に鍛え直したのだ」

「あの、いなくなった2カ月は僕にそれを気づかせるためだったんですか？」

「さよう。我の教えを受け入れる『ゆるみ』をつくるのによかったろ？」

「心の『ゆるみ』、ですか？」

「おまえに徹底的に欠けていたものはなんだかわかるかね？」

「真面目に考えすぎて……遊びがない……ということですか？」

「さよう。おまえはとにかく『面白くない』のだよ」

「……直球すぎる」

「それ、神様に好かれるために致命的な痛手なのだよ」

「なんか棘のある言い方だな……。一生懸命やってるのにそれはないでしょうって気がしますが」

「まあ、最後まで聞くがね。そもそも神社に熱心にお参りに来る人間は、変に真面目すぎて面白味がないヤツが多いのだ」

「だって、真面目に行くところですよね？」

「これは、多くの神様が言っとることだがね。たまにコイツ（ワカ）みたいな破天荒なのが来るとみんな喜ぶのだよ」

「えっ！」

これはなかなか衝撃的な言葉である。神様が「真面目すぎて面白くない」と言っている？ これでは真面目にやっている人がかわいそうではないか。そうだ、僕なんかすごくかわいそうだ！

「タカや、祭りってなんで楽しいかわかるかね？」

「そりゃ、なんか開放的になるというか、日常と違った空間に入った感じがして意味もなくワクワクします、はい」

「祭りはな、昔は『神様遊び』って言ったのだよ。神輿に神様を乗っけて一緒に遊ぶんだ。そうして神様を楽しませるのだよ。もちろん人間も楽しい。神様もその弾む気持ちが大好きな事実を昔の日本人は知っていたのだ。それは心の『ゆるみ』があって初めてできることだろ？」

思い出した。

「僕の地元でも『神様遊び』っていう風習がありました」

「神様は別に肩ひじ張って必死で拝めと言ってるわけじゃないがね。もちろん、「敬う」「畏れる」という気持ちは大切だよ。でもその気持ちを忘れずに、身近に感じて一緒に楽しむくらいのゆるみがほしいのだよ」

「たしかに人間同士でも、相手が異常に恐れ入ってカチコチになられると、腹を割った話もできませんね」

笑いが幸せな未来をつくる

「とくに日本の神様は笑いが大好きなのだよ。おまえ、天岩戸神話って知っとるかね？」

「太陽の神様アマテラスが岩戸に閉じこもってしまった話ですよね」

「そう。そのとき、アマテラスを岩戸から出させた力こそが『笑い』だがね」

「アメノウズメという女神が裸で踊ってみんなを笑わせたんですよね」

アメノウズメはワカが一番好きな神様だ。裸で踊るまではいかないが（そんなことしたらえらいことだ！）、ワカの周りを楽しませるエンターテイナー体質には、どことなくアメノウズメイズムを感じずにはいられない。

「隼人舞《はやとま》いってのもあるがね。あれは山幸彦《やまさちひこ》に敗れた兄、海幸彦《うみさちひこ》の子孫が、海幸彦が負けて溺れたときの様子を滑稽に演じているものなのだ。これ、他人がやったらただの嫌がらせにしか見えんがね。でも身内が笑いを取るために演じとるんだ。もちろん海幸彦もそれを許可しとる。それだけ日本の神様っちゅうのは寛大で笑いが好きなのだよ」

「って、芸人じゃないんですから」

僕は、思わず笑ってしまった。

「でもな。この笑いにはスゴい力がある。海幸彦の話だってそうだが、人を笑わせるには意外と勇気がいるがね」

「勇気？」

僕は顔を傾けて返した。

「さよう。自分の心のなかをさらけ出して笑いを生み出すわけだからな。自分が溺れている姿を晒すっていうのはスゴい勇気じゃないかね？　恥ずかしい部分まで晒すんだから。それでも相手が笑って楽しんで、笑顔になってくれれば場も華やぐし、楽しい気持ちになるだろ？」

「なるほど！」

思わず僕は叫んだ。ずっと考えていた謎がひとつ解けたのだ。

「古事記で『わらい』を『咲い』という字で表現してるのは、そういう意味があったんですね。自分の恥ずかしい心の内までさらけ出して相手を楽しませる心が、相手の心の内にある笑いを引き出す。心のなかから楽しい気持ちが咲くわけだ」

しかめっ面で話をしたって魅力を感じる人はいないだろう。心の内を出すどころか恥ずかしいところを隠してカッコつけているのだから。カッコつけているうちはまだまだということだ。

「神様も龍神も楽しさが好きだ。神事や祭りのときに太鼓を叩くだろ？　あれ、なんでか知ってるかね？」

「いや、考えたこともなかったです」

「太鼓の音は生き物の鼓動の音と似ている。人間も動物も、心臓が脈打つ音だがね。その音が日本人のＤＮＡに刻まれているんだろう。鼓動の音を太鼓で表し、神様や自らの魂を喜ばせることを知っている。伝統には意味があるのだ。もちろん我々龍神も太鼓は大好きだがね」

古代の日本人は喜びの鼓動を表すために神事に太鼓を取り入れた。すでに日本人は神様と人間の関係を熟知していたということか……。

「魂を喜ばせる……か」

僕は長いあいだ、頭でっかちになって喜ぶことができなかった。ゆるみがなかったのだ。

「まあ、神社の正しい参拝とか最低限のマナーは必要だから、知識として学べばいいと思うがね。人間同士だって最低限のマナーは必要だろ。おまえらも、わかっていなかったよーにな！」

また痛いところを突かれた。

以前の僕ならここで言い訳したり、文句のひとつも言っただろう。でも、ガガだって冗談言いたいときもあるさ。すべて真に受けられたら軽々しく話もできない。そのくらいの感覚が龍神や神様、それに社会と付き合ううえでも大切なのだ。

このなかの１曲が、ガガのお気に入り

ガガは、黒龍との時間を通じて僕にそのことを気づかせてくれた。僕がガガってやっぱりスゴい龍神だと思った瞬間。ガガが突然声を上げた。

「おまえ！　なんだね、この曲は？」

「え？　ああ、これは昔の映画音楽を集めたＣＤで、この曲は……」

独身時代から使っているオンボロのコンポからは音楽が流れていた。渋みの利いた男性の哀愁に満ちたラブソング。僕はＣＤのジャケットを手に取ると曲名を確認した。

「『００７　ロシアより愛をこめて』ですね。古いアメリカ映画で……」

　僕が説明を始めると、

「これ……いいがね。もう一回かけるがね！」

「え？　これ好きなんですか？　太鼓もドラムも入ってないですけど」

「いいからかけるがね！　いい曲と出会ったらうれしいがね。太鼓の音がなくても好きなもんは好きだがね」

　笑ってしまった。さっきまで太鼓だドラムだと騒いでいたのにめちゃくちゃだ。本当に味のある龍神様だ。でも、このくらいの心のゆるみが必要ということなんだろうな、きっと。

　ようやく心のゆるみを手に入れた僕は、早速自分を試したくなった。いつものコンビニ。若いお兄ちゃんがレジにいた。まだ学生だろうか？　髪形をビシッとキメている。僕はちょっと勇気を出して、

「髪の毛、自分でセットしてるの？　カッコいいね」

と言ってみた。彼はうれしそうに笑った。

「はい！　自分でやってます」

「カッコいいよ。僕もバッチリキメたいんだけど」

　そう言って、かぶっていた帽子を取って坊主頭を出すと、すかさずワカが突っ込んだ。

「この人髪の毛ないからね～。きっとうらやましいのよ（笑）」

僕は笑った。レジのお兄ちゃんも顔を真っ赤にしてウケていた。そして僕に失礼だと思ったのか、

「いや！　カッコいいですよ」

と言ってくれた。それから僕らはよく話すようになった。そうか、人を笑わせるって勇気がいるけど、相手が楽しんでくれると自分も気持ちがいいんだ。黒龍と頑張った甲斐があった。素直にそう思った、心から。

龍神の教え㉔
人を笑わせて喜ばせよう。そして、自分も笑って喜ぼう。

夢見るだけではダメ。龍神は行動する人を後押しする

「おい、タカや」

「はい。なんでしょうか？」

テレビでは芸能人が評判のお店に行って料理を紹介する番組をやっていた。

「酸っぱいってどんな感覚かね？　説明するがね」

「酸っぱい……ですか？」

また難題を吹っかけてきたな。

「そうだ。我々龍神は人間の魂を食って栄養にしているのだが、甘いのはわかる。コイツ（ワカ）みたいに甘くてウマい魂もあるからね。苦いのもわかるがね。食糧難のときはそういう苦い魂も食わなきゃならんかったから。カラいのもなんとなくわかる。でも『酸っぱい』という感覚だけはわからんのだ。さぁ、教えるがね」

とりあえず僕は、梅干を食べる自分を想像すると、口をすぼめて酸っぱい顔を表現してみた。

つまりは「あの顔」である。

「こ、こんな、こんな感じです」

……僕はなにをやっているんだろう。

しかしガガは、

「わからんがね」

ま、当然だよな……。

「直接人間の食べ物を味わうことはできないんですよね？」

「できんね」

「じゃあ、僕が酸っぱいレモンとかを食べて、酸っぱいと感じている瞬間の魂を舐めてみたらいかがでしょう？」

「お、それいいね！　すぐにやるがね」

ガガは気が早いのだ。龍神のなかでもその気の早さは際立つものがあるらしい（参考文献・黒龍談）。

冷蔵庫をのぞく。ゴソゴソ。しかし、ここでワカのひと言。

「いま、レモンございません」（○クターXの大門○子風）

ないのか、残念。では、レモンに代わる酸っぱいもの……あ。

「梅干梅干♪　さあ、ガガさん酸っぱいですよ〜」

僕は梅干を口に放り込んだ。程よい塩味と刺激的な酸味。ウマい。白いご飯が欲しくなる。

「どうですか？　酸っぱい、わかりました？」

自信満々で聞いてみる。だが、

「ううむ。わからん。全然酸っぱさが伝わらんがね。タカや、おまえ、そもそも全然酸っぱがってないだろう」

ダメか。せんべいをかじりながらワカが言う。

「っていうか、私たち根本的に酸っぱさラブだからさ。梅干くらいじゃ酸っぱさ感じないんじゃない？」

「う〜ん。仕方ないがね。ほかの酸っぱいものが手に入ったら、早速試してみるがね」

さすがガガ。きっと龍神多しといえども、ここまで好奇心旺盛な龍神はいないのではないか？

「じゃあ、龍神同士でも意見や感覚の違いもある？」

「そりゃあるがね。人間と一緒なのだよ。黒龍はかつてはほかの龍神の意見を聞き入れなかったから孤立してしまったんだがね。おまえと同じように」

うっ、イタイとこ突いてくるな……。僕は苦笑いを浮かべながら、

「じゃあ、人間の魂の味にも好みがそれぞれあるんでしょうね」

ここでガガが驚きの声を上げた。

「ほう、なるほど、言われてみればたしかにそうだ。そんなの考えたこともなかったがね」

おい龍神！　僕は思わずツッコミを入れそうになった。

「たしかに我はコイツ（ワカ）の魂がウマくてずっと一緒におるが、この過激な味が合わんヤツもおるかもしれんがね。いや、意外とこの過激な味を一度覚えたらクセになるだろうから、ほかの龍神にはたとえ味見でも食わせせんほうがいいかもしれんがね……」

独り言だろうか？

ガガはなにやらブツブツつぶやきながら考え込んでいる（ような気がする）。

「やっぱり魂にも好みがあるってことですね。じゃあ、人間だれにでも龍神に好かれるチャンスはあるわけだ、ちょっと安心したな」

「そりゃそうだがね。人間もそれぞれ個性があるから面白いのだ」

そう言うとガガは少し真剣な顔つき（見えないのであくまで雰囲気だが）で話を続けた。

「でもな。実はいま、龍神や神様のあいだである共通の悩みが猛威を振るっているのだよ」

「え？　ど、どういうこと？」

僕とワカは同時に声を上げた。

「実は、タカに追い出されて放浪しとったときに多くの龍神と話をしたのだがね。まぁ、宿無しの悲しい龍神だったからね、あのときは」

ガガはさりげなく僕に対する嫌味を織り交ぜる。いや、最近は全然さり気なくない！

「な、なにがあったんでしょうか？」

ガガはいままでにないほど神妙な顔つき（あくまで見えないので憶測である）で言葉をつないだ。

「龍神たちのあいだで『我らは人間を助けても、大丈夫だろうか？』という心配が広がっておるのだ」

「えっ？　ちょっと待ってください。それって一体どういう……」

いつもの冗談ではないみたいだ。

「まあ、聞くがね。多くの人間が『こうなりたい』『ああなりたい』って神社でお願いするだろ。だから龍神も神様も頑張ってその願いが叶うように後押しをするんだが、いざ実現しそうになると、怖気付くヤツが多いのだ。夢見るだけで準備をしとらんから、チャンスをつくってやっても逃げ出すのだよ」

「ああ〜、わかるわかる。いるよね、そういうハッキリしないヤツ！」

ワカが口を挟んだ。

「例えばさ、『アイドルになってステージに立ちたい！　叶えてください！』って願った人がいて龍神がよし叶えてやろう！って、チャンスをつくってくれたとするじゃん？」

「うんうん。オーディションのチャンスが巡ってきたわけだ」

「でも本人はアイドルになるための訓練っていうか、準備をまったくしてないのよ」

「ふんふん」

「ただ願ってるだけ。だから、実際にそのチャンスが来てもアタフタしてなにもできない。それどころか怖気付いてオーデイションさえ受けずに逃げ出しちゃうって、そういうことでしょ？」

「えーっ！　なんてもったいないんだ」

せっかくの大チャンスを。僕なら絶対に張り切る。空回りするかもしれないけど。

「まさにその通りだ。龍神からすれば、願いを叶えるチャンスをせっかくつくってやったのに逃げられたのじゃ悲しい。『人間は、本当はそれを望んでいなかった』、すなわち『本当の願いではなかった』という結論になるがね」

「結局さ、別にアイドルになりたいわけじゃなくて、チヤホヤされたいという『おいしそうで都合のいい部分』だけを望んでいたってことでしょ？」

「スタイル維持の努力もあれば歌やダンスの訓練。表に立つために必要な裏側を見てないわけだ。だから準備もしていない。準備ってそういうことか」

「ったく、なに甘っちょろいこと抜かしてんだか」

興奮すると口が悪くなるのはワカもガガも一緒である。

「我々は自分で行動するヤツしか助けられんがね。自分がやりたいと思ったことを行動に移す勇気があるかってことだ。それで仮にうまくいかなくたって、自分で決断したことは必ず良い人生につながる。我々はそういう魂を望んで探しているのだ」

「小さなことでも行動に移すことが大事なんですね」

「さよう。我々はスピードが好きなのだ。悩んでいる暇があったら、まず行動に移す積極的なヤツが大好きなのだよ」

「例えば？」

「なに、別に大それた行動を取れとは言わん。会社で偉くなりたければいつもより10分早く出社するとか、野球部でレギュラーになりたければ、素振りの回数を10回増やしてみるとか。仲良くなりたい人がいたら勇気を出して声をかけてみる、それだけでも立派な行動だがね。小さい大きいは関係ない。なにかに向けて『行動した』という事実が大きな意味を持つのだよ。それが龍神や神様の心を動かし、現実の出来事が大きく変わるのだ、必ずな」

「自分の心の声を信じて行動する」

「さよう。願い事だけされて準備なしじゃ我々もどうしようもない。大きな変化を受け取るのは人間自身だ。でもおまえ、我の言うことはわからんのだろ？　わからんヤツの話なんか聞いたって意味ないんじゃないのかね？」

「いや……だからですね……それはあの……しどろもどろ」

結局またそうやって僕のこと攻めるんだから。

龍神の教え㉕

自分で決断して行動したことは、必ず良い人生につながる。

COLUMN.6

本当の友達のつくり方

龍神ガガは言いました。

「本当の友達とは、結果的に親しくなったヤツのことだがね」

付き合いが深くなって相手を思う気持ちが深くなる、その流れでいつしか強い絆が生まれている、それが本当の友達なんだそうです。そんな友達をつくるたったひとつのコツが、「言い訳をしない会話を心がける」ということ。

言い訳は結局自分をかばうことなので、相手のことを思っていない行動なんだそうです。

例えば以前の僕は遅刻したとき、「ちょっと道が混んでてさ……」と知らず知らずに自分を守る言い訳をしていました。素直に「遅れてごめんね、ちょっと寝坊しちゃって」と、正直に言えばよかったんです。こちらが正直に接することで、相手も正直になってくれるからです。正直者同士が本当の友達になれる。そんな友達がいたら人生は色濃くなり、幸せです。

言い訳はせず、素直に接しましょう。あ、でも、遅刻はしないほうがいいですよ（笑）。

人間関係が変われば、人生の問題は大抵が解決する

人の悩みの多くはとにかく人間関係からきていると思います。学校、会社、家族、恋愛もなにせこの世は人の縁。周りに恵まれない、嫌な人ばっかりだ、そう思うこともあるでしょう。以前は僕もそうでした。人は、必要な人としか出会わないのだそうです。嫌な人が多いと感じたら、それは自分が人に与えている印象そのままだと龍神は言いました。自分を取り巻く人間関係は、鏡なんだそうです。それを聞いて、僕はまず我がふりを直しました。

人は愛されたい生き物です。だれかに認められて安心して生きていける。だれにも認められなくていいなんて人はいません。認められたければ、まずは自分が相手を認めましょう。これは小さな人間関係の世界でこそ効果があります。夫婦、親子、嫁姑(笑)。パーソナルサークル内の人間関係が一番大事で、ここが円滑にいくと全部が回り始めます。

それから、人間関係はその時々で変わっていくのを知っていますか？　ずっと同じ関係は続きません。そのときに必要な舞台が用意されているんです。でも、もう離れるときが来たんだなと思ったら潔く手放しましょう。つらいかもしれませんが、モヤモヤしながら関係を続ければ自分に嘘をついていることになります。自分の本音を裏切っているんですね。嘘をついている限り、人間関係は良くなりません。時は前にしか進みません。古くいらないもの

COLUMN.7

は捨て、進みましょう。実際に離れることはしなくても「あなたの心で区切りをつければ」必ず良い循環、次の循環につながります。自分に必要な人が現れるのです。そのときは次のステップに進んだと思って、一歩踏み出しましょう。これもガガの言う「循環」なのです。

それを体現している神様がいます。出雲大社でお祀りされているオオクニヌシです。この神様は古事記に登場する神様のなかでも最弱かもしれません。兄たちに殺され、恋人スセリビメの父スサノオにはイジメられ。地上世界を治めることになってもどうやって治めたらいいかわからず途方に暮れる始末です。でもほかのどの神様にもないものを彼は持っていたんです。

それが「仲間」です。

兄たちに殺されたときは母や天上の神様の力で生き返ることができ、スサノオにイジメられたときは恋人スセリビメに助けられ、地上世界をひとりで治められずにいると、スクナビコという神様が助けに現れます。スクナビコが役目を終えて去っていくと、次はオオモノヌシが現れて、助けてくれます。オオクニヌシはその時々で自分に合った仲間を得て成長していきます。自分の成長に合わせて仲間も変わっていったのです。ある日突然やってきて、役目を終えると去っていく、そういう仲間のことを日本では客人神《まれびとがみ》と言います。日本人はこんな新しい出会いを大事にしました。これも龍神が好きな循環です。

だから出雲大社にはたくさんの龍神が住んでいると言います。

色と色気と彩りと、人生の「イロ」で心を満たす

「いまからレモンを食べますから、その瞬間の魂を舐めて『酸っぱい』感覚を体感してみてください」

僕は台所でレモンを切りながら言った。ガガに酸っぱい体験をしてもらうために買ってきたのだ。とはいえ龍神はレモンを食べることはできない。食せるのは人間の魂だけだ。だから僕がレモンをかじり、そのときの魂の味で酸っぱい感覚がわかるか実験してみるのだ。

「わかっとるがね。説明はいいから早く食うがね」

なかなかレモンをかじる機会はない。というか、皆さんはありますか？　いや、あまりないですよね。歯を立てた。この破壊力、さすがはレモン。容赦のない攻めである。

「す、酸っぴゃい！」、Oh.～No～、ギブアップ。飲み込んだあとも残る酸性の証。もう舌、ピリピリですよ。ゲホゲホっ。

「ど、どうですか？　酸っぱい感覚、わかりました？」

僕はちょっと涙ぐみながら聞いた。後厄を終えたばかりの大人の男がすることとは思えない。

「う～ん。よくわからんがね。ひょっとしてレモンの量が足りないのではないかね？」

まだ足りないの？　マジか！　なかなか激しい酸味を味わったのだが……。

やむを得ない。次はさらに大きな塊を口に運んだ。

「ゲホっ。どうですか？　ガガさん、わかりました？」

「あっはっはっ！　ゲラゲラゲラゲラ（以下同音）」

ワカが腹を抱えて大爆笑を始めた。

「あっはっはっ！　セント君が悶えてる！」

セント君って……。僕はいつも市川海老蔵や世界のケン・ワタナベに似ているわね、ホントいい男ねって言われてるのに……セント君って……。

しかもゲラゲラ笑いながら、ワカが口にしたガガの言葉は信じられないものだった。

「おまえバカだね。我はコイツ（ワカ）の魂を食っているのだよ。コイツ専属。おまえの魂を舐めるわけないだろ。ぶはは！」

「は？　え？　じゃあ、僕が酸っぱい思いしてるときの魂、味わってなかったんですか？」

「味わえるわけなかろうがね。おまえはホントにバカだね」

ガガの言葉を伝えるとワカも再び大爆笑した。

「ひでえなあ、もう……」

僕は残っているレモンをラップで包むと冷蔵庫に入れた。

「あ、晩ご飯のときに料理に添えるから、レモン」

「いつも思うんだけど、別に添えなくても初めからかけちゃえば？」

どうせ食べるのなら一緒だろ。片付けだって楽だろうし。僕はどこまでも効率重視なのだ。

「あーあ、おまえはホントにバカだねえ」

ガガが言った。

「ええ、バカですよ。まんまと騙されましたよ！　ちぇっ！」

ふてくされて僕は言い返す。

「ぶはは。悪かったがね。だが、そのことではない。だからおまえは、いつまでもウマい魂になれんのだよ。う〜ん、惜しいね」

「ガガが言いたいのはレモンを添えることでしょう？」

魚をさばきながらワカが言う。包丁の刃と似ている魚だ。この魚はなんだろう？

「私がレモンを添えるのは味付けもあるけど、それ以上に料理に彩りを加えるためなわけ。目でも楽しめるほうがおいしいじゃん」

「おまえ、黒龍に『五感を意識しろ』と言われただろう？」

「はい。意識してたら、風の香りとか雨の音の心地良さとか、これまでなかった感覚に気づけるようになりました」

「それに、もっと色も楽しみたまえ」

「色？　カラーですか？」

「色にもイロイロあるが、おまえの場合はまずカラーだがね。赤、青、黄色、緑に白。カラフルだと胸躍るだろ？」

「私のように暗い色だと、明るい色を持っているすべてがうらやましいです。華やかで素敵だ」

と、これはたまに話に入ってくる黒龍のセリフ。

「生活に『色』を意識して取り入れると一層、脳が喜び、五感を刺激することができる。明るい色はとくにいいね」

「あ、だからレモンで彩りか」

「おまえ、気づくのが遅いがね」

「食事だけでなく、服装に色を取り入れるだけでも違うんでしょうか？」

「その通りだがね。女はともかく男たちはなんであんな暗い色の服ばかり着るのだね？　少しは色遊びをするがね」

そんな無茶ですって。世の中の男たちはみなスーツという鎧を着て仕事してるんですから。スーツは大方、暗い色なんだから。

「でもワンポイントできれいな色の小物があるだけで、明るい気持ちにならんかね？」

「ピンクのハンカチ持つとか？　お父さんたちが？　カワイイ～！」

「そうか。身の回りに色を加えると気持ちも上がって龍神に好まれる魂に近づく」

「我々龍神が人間にメッセージを送るときには『風』とか『甘い香り』とか、あとは雲を龍の形にしたりとか、自然を使うがね。実は『虹』もだと教えたろ？」

「もちろん」

「たしかに、虹見るとテンション上がりますね。滅多に見れないからか、おお、さすがガガ様！ありがたや！」

見え見えのヨイショである。さすがにガガも「バカにしてるのかね？」と怒るかと思いきや、

「まあ、そうだがね。おまえも少しは、わかってきたがね、ふふん」

龍神ガガ、やはりおだてに乗りやすい。

しかし、いまでは色彩心理学などでも研究され、色が人の心理や行動に大きな影響を与えていることが科学的にもわかっている。ならば彩りで人間の心がワクワクするのも十分納得できる。

「食事ひとつとっても最近は『腹に溜まればいい』なんてヤツが増えた。五感を使わんのだ」

「ファストフードが増えたのも要因のひとつかもしれませんね」

「なんだがね、そりゃ？」

「あ、注文してすぐにできる食べ物です。ハンバーガーとかピザとか……」

僕は説明しながら思った。片手で手軽にとか、袋破いて簡単にっていう食べ物が増えた。コン

ビニとかドライブスルーがどんどん増えて、いとも簡単に腹を満たすことができるようになった。ガガの言う通り、一見便利な環境に慣れてしまい、目でも楽しむ意識を忘れてしまった人も多いだろう。

よし、僕もこれから、色を楽しむことを心がけよう！

「ところでおまえ、橙《だいだい》って知っとるかね？」

「お正月飾りに使われるミカンみたいな、アレですよね？　そうか、あれも彩りですね」

早速、ガガは僕に色の楽しみ方を教えてくれているのだと思った。

「噂によると、あれはレモン以上に酸っぱいらしいがね。おまえ、食ってみるがね。我は酸っぱい感覚を知りたいがね」

「いや……でも、僕が食べても意味ないんですよね？」

「ばれたかね」

おい、龍神！

龍神の教え㉖

身の回りに色を加えると、気持ちも高まり龍神に好まれる魂に近づく。

不倫するなら自覚しろ。惰性の恋、本気の恋

「ねえガガ。『色』といえばさぁ、人間は色恋なんて言うように、恋愛にも神様に好かれる恋、嫌われる恋ってあるの？」

さすが女子。いつの時代も色恋は女性にとっては関心のあるテーマだ。

「色恋は好きなのかね？」

「そりゃ、女は愛されることが核だと思っているものよ」

「愛されなきゃダメなのかね？」

「周りを見ても愛されてる人って幸せそうに見えるじゃん。逆に愛されてない人って、心の満足が足りてないっていう感じがするのよね」

「それだがね。それ！」

ガガが突然、声を張り上げて言った。

「龍神だって愛されたいのだ。愛してくれれば我々だって、喜んでそいつのことを助けるのだ」

「あー、そういうことか」

僕も腑に落ちた。

「龍神だって、人間に愛されれば満たされて尽くそうって思うんですね」

「当たり前だがね」

「じゃあ、人間の恋にも良い悪いってあるの？」

「そりゃあるがね。本気の恋なら我々だって文句はない。けれど惰性の恋は好かんね、ああやだやだ」

「惰性の恋ってなによ」

「流れで付き合うことになったけど、別に好きなわけじゃない。でも別れるのもなぁ〜、ってのないかね？」

「あ、なんとなくわかる。惰性で付き合ってるカップルとか意外といるかも」

「そういうのは心と行動が伴っておらんだろ？　裏腹なのだよ。そんなヤツには龍神も付けんがね」

「じゃあ本気の恋ならいいってこと？　例えば不倫なんかでもいいの？」

「本気ならいいのではないかね。最初に会った相手が本来のパートナーではなかっただけのことだがね。結婚したあとに本当のパートナーを見つけた。ただそれだけのことだ」

「マジで！　まさかの龍神、不倫容認ですか？」

たまげる僕。

「バカもん。話は最後まで聞くがね！　それじゃあまるで我が不倫を勧めているみたいだがね」

「えっ、違うんですか？」

「当たり前だがね。人間は間違うときだってある。だが、それに気づいたらちゃんと清算してケジメを取るのは当然だ。それをせんで、不倫するから問題になるんじゃないかね」

「そりゃそうよ。ガガが言う通り」

ワカが賛同するように言う。

「自分で決断したならそれでいいのではないかね。おまえらが悪いと思っている不倫は、相手と付き合っていることを隠しているヤツのことだろ。それは決断しとらんってことじゃないのかね？　いまの相手とも生活を続けて、新しい相手とも付き合う。それじゃあ、一体どちらが好きなの？ってなるがね」

「次の愛に進むためには、過去をきちんと清算しなさいということね」

「そういうことだがね」

お坊さんが龍神とコンビを組めないわけ

スーパーに入ると、目に飛び込んでくるのは野菜の数々。地元の農家の人がつくった野菜が整然と並べられている。赤いトマトにオレンジ色のニンジン、紫のなすびに黄色いパプリカにレモン（あれから僕はレモンの呪いに苦しんでいる）、それにキュウリの鮮やかな緑色と、野菜ってこんなに彩り豊かだったのかと初めて意識した。なんだろう、弾んだ気分だ。

「野菜そのままでこんなにも彩り豊かなんだね。これまで気づかなかった」

僕は思わず気持ちのままを口にした。

「だから私がいつも野菜で彩りを付けたりしてたんじゃん！　ってかいまごろ気づいたの？」

あきれたようにワカが言う。

「ご、ごめん」

僕は素直に謝った。前の僕だったらきっとあーだこーだと言い訳していただろう。でも最初に自分のことを間違いも含めて認めることが大事なのだ。

「へー、おまえ、少しは賢くなったんじゃないかね？」

ガガが言った。相変わらず素直な褒め方ができない龍神様である。

「でも野菜だけでこれだけ色があるんだから、昔の人のほうが『色』を楽しんでいたのかもしれないですねえ」

「さよう。自然の素材、これこそが我々龍神とつながる大事な役割を果たしてくれるのだよ」

「野菜で龍神とつながれるってこと？　マジ？」

「我々龍神も自然のなかにいるエネルギー体、いわば『素材』だ。同じ素材同士ならつながりやすいがね」

人間は人間同士、猫は猫同士、きっとそんな感じだろう。

「じゃあ、人間も素材に近くなればつながりやすくなるって、そういうことね」

「どうすればいいんでしょうか？」

まさか野菜のように畑に埋まるわけにもいかないだろう。

「人間は身体を持っている。いわば神様から借りている着ぐるみだ。その身体をつくっているのはなんだね？」

「生きることは食べること。そんなわけで食べ物です」

ワカが言った。

「そうだ。人間の身体は食べ物を食べることでつくられ、維持されているのだよ。ならば自然に近いもの、具体的にはできるだけ加工されていないものを食べれば一層、自然に近い身体をつくれて我々龍神ともつながりやすくなる。身体と魂は連動しておるからな。食べ物は大事なのだ」

具体的になにを食べればいいのだろう。聞いてみよう。

「例えば、龍神お勧めのメニューってあるんですかね？」

「知りたいわ、それ」

「基本的なものだがね。米と野菜、魚もどんどん食いたまえ」

アバウトすぎる。

「食の基本とは旬だがね。要は旬のものを積極的に食えばいいのだ。春はタケノコ、夏はスイカにトウモロコシって具合にな。健康な身体は自然に旬の素材を求めるのだ。巡る季節の素材を身体に取り入れれば、循環になるのだからな」

なるほどね。

「まあ旬のものはもちろん、それよりも自分で好きなものをつくればよりいいがね。自分の手で食事をつくる楽しさを覚えたほうが、龍神好みの魂になる。感覚が鍛えられるしな」

そう考えると僕自身もあまり料理をしない。加工品じゃないにしろ、全部ワカに料理をしてもらっていたのでは、『素材』に対する有難味もわからないんじゃないかという気持ちにふとなった。

そのとき僕は思い出した。今年の春に僕は突然、

「タケノコの調理の仕方教えてよ。僕も素材に触れてみたい」

と思い立ったことがあった。ガガと出会ってから心境の変化があったからなのか、ガガが僕の心に働きかけたのかはわからない。

その言葉にワカは意外だったのか、ちょっと驚いた様子を見せたがすぐ教えてくれた。実家には竹藪があって毎年春になるとタケノコがたくさん採れた。それを食べるのが季節の楽しみだった。でも、いつも母が料理してくれているのをただ食べるだけだった。こんなに長いあいだ食べ続けてきたのに、自分の手で触ったこともないというのも情けない話である。

いま、いろんな本で「運気を上げるために旬のものを食べるとよい」とか書かれている。たしかにその通りだろう。でも、実際に自分の手で素材を直に感じて食べる人はどのくらいいるだろう？

さらに生産者の人への感謝の気持ちも芽生えるし、「旬のものを食べる」ことの意味が大きくなると思ったのだ。

タケノコを手に取ってみると、素材の「大きさ」「香り」「肌触り」「固さ」を直に感じる。これは加工されたものでは絶対に得られない感覚だ。

一枚一枚皮を剥いでいくと、サワサワと柔らかな、しかし大地に生える力強い生命力が伝わってくる。食べられる部分がいかに小さいかを実感した。

その貴重な部分に自然と感謝の気持ちが湧いてくる。そしてそれを包丁で切り分けていくと、タケノコの固さがよくわかる。これまで調理された味覚や触感だけでしか感じていなかったけど、こうやって素材そのものに触れることで視覚・嗅覚・触覚・聴覚、そして味覚をフルに刺激して自分のなかに取り入れることができると感じた。そして僕たちが食べられるおいしい料理になるまでにどれだけの時間と手間がかかっているかを。

そのときのことを思い返し言った。

「参りました。同じご飯を食べるのでも気持ちがまったく違いますね」

なるほど。食べ物がこんなに大事だったなんて……。

「ちなみにですが、お肉はどうなんですか？　よく神社なんかで神主さんが神事の前には『潔《けっ》斎《さい》』と言って肉食を絶つ期間を設けたりしますが」

「これは私も実感したんだけど、お肉食べなくなってから感覚がますます研ぎ澄まされたのは確かだわ」

「肉を食わぬことで、五感が研ぎ澄まされるのは事実だがね。だから神社の神主は潔斎をして神様からのメッセージを受信しやすい状態をつくるのだ」

「古代から神職の人は、神様からのメッセージを本当に受信してたんだ。だからそういう風習がちゃんと残ってるってことか」

「だが、通常の人間は別にそんなことせんでもいいではないか。肉食ったっていいのだよ、健康な身体をつくるには肉の栄養も必要。要はむさぼり食うなってことだがね」

それはよくわかる。必要以上にガツガツ食べるのは、それ必要？って思う。

「お寺のお坊さんはお肉を食べなかったりするじゃん？　精進料理」

「ヤツらは修行の道だから、血肉を絶つこと自体が修行なのだ。自分でその仕事を選んでおるんだからこの際関係ない。現に寺の坊主と我々はコンビを組めん」

「えっ、そうなの？　意外！」

「ヤツらは日々の修行でワクワクの鼓動が少ないからな。なかなか難しいのだ」

意外な事実、発見である。龍神は寺のお坊さんとは組めない。神聖な修行をしているんだから、当然高い精神性で龍神ともつながりやすいと思っていた。

「たぶんこういうこと。禁欲して人生の悟りを目指すお坊さんに、龍神は必要ないんだと思う。だって求められてないんだもん」

ワカが解説してくれる。彼女もかつてブッダの教えを学んだ。人はどこから来てどこへ行くのか。その答えを激しく欲していた時代があった。

「もちろん、龍とコンビを組めないから坊主がダメだと言っているわけではないがね。寺、つまり仏教には仏教の役割があるということだ」

面白い話がある。古事記にオモダルという神様がいる。仏教の第六天魔王と同一視される神様で、修行僧の敵とされている。どんな神様かといえば「人間の欲求を叶える」神様である。一見、いい神様じゃん！って思うが、禁欲のなかで悟りを開こうとするお坊さんにとっては、修行を邪魔する大きな敵になるのだ。人それぞれの道。それは時に奥深い。

「幸」という字に込められた深イイ意味

「普段はお肉食べないけど、食べたくなったら食べればいいや」

「そうだね。僕も最近はめっきり肉が欲しくなくなったけど、食べたくなるときもたまにあるし」

ワカも見えないものに敏感であるために、あまり肉は口にしない。日々、潔斎している状態なんである。

「でもな。肉を食べても五感が弱ったりしない人たちもおるのだよ」

「えっ、そうなんですか？」

「例えば、大陸、モンゴルの遊牧民なんかはそうだな。なぜだかわかるかね？」

「民族性ってことですか？」

「違うがね。彼らは自分たちの手で羊を殺すのだよ」

「自分の手で殺すことで、命をいただいているという意識が生まれるってこと？」

「さよう。牛の肉や豚の肉をどこで手に入れるかね？」

僕はスーパーのお肉売り場に目を向けた。パックに入って、焼けばすぐに食べられるお肉が並んでいる。

「小さなころからこうだと、命をいただいているという感覚を持つのは難しくないかね？」

「たしかに……。動物への感謝の気持ちが芽生えるのも難しいです」

そこまで考えて僕は気づいた。

「日本でご飯を食べるときに『いただきます』と言うのは、植物や動物の命をいただいている感謝の言葉ですよね」

「そうなのだよ。はるか昔から日本人はつねにそれを忘れないように食事ごとに『いただきます』という言葉を口にして、感謝の気持ちを心に刻み込んでいるのだ」

これが日本人の心性か。

「人間はよく『幸せになりたい』って言うだろ」

「言いますね。幸せになりたくない人なんていないでしょう」

「では、幸せの『幸《さち》』の字の意味がわかるかね？」

「『幸』って幸せのほかに意味あんの？」

「この字の本来の意味は、獲物を取る聖なる道具を言うのだよ」

「獲物を取る聖なる道具？」

「その神聖な道具、幸で取った収穫物のことを「山の幸」「海の幸」と呼ぶようになったのだ。人々は腹を満たし、幸福になる。だから日本では、幸福を意味するときに幸が使われるようになったのだ」

「古代の日本人は、山や海から幸せを享受して生きてきたという感覚を大切にしてきたんだ……。そしてその気持ちを日々の食事のときの『いただきます』という言葉に込めた」

深い、深すぎる。日本人ってすごい！　食べ物は天と地の恵み。その恵みをありがたいと思う気持ちが「いただきます」なんだ。

「我々龍神もそんな日本人の心性に惚れ込んだのだよ。だから日本人が大好きなのだ」

龍神の教え㉗

ご飯を食べるときに『いただきます』と声に出して、命をいただいていることに感謝する。その気持ちに龍神は反応する。

素材を食して五感満足。簡単につくれる〝龍飯〟

ここでワカが家でよくつくる簡単レシピをご紹介しましょう。料理が苦手な僕でもつくれる簡単なレシピです。神社に行く前はこのご飯を炊きます。龍神とつながりやすくなるので、我が家では〝龍飯〟と呼んでいます。料理をする楽しさに引き寄せられて、自然に龍神に好かれます。

◉炊飯器任せの黒豆ご飯

米2合
乾燥黒豆2分の1カップ
古代米（黒米）大さじ2
ごま塩適量

米は普通に研ぎ、黒豆は水で洗う。炊飯器に米、黒豆を入れ、古代米をそのまま入れる。

COLUMN.8

水を3合の目盛りに合わせ炊く。好みでごま塩を振っていただく（水分量は我が家の好みです、ふっくら柔らかく炊き上がります）。

黒豆と古代米はミネラルが含まれ、抗酸化作用が高い身体にいい食材です。素朴な味わいで、とてもおいしいです。

炊き上がったときの真っ黒いご飯の色に、最初はちょっとびっくりしますけど（笑）。

僕たち日本人が食べているお米は、アマテラスが天上で自らつくった稲穂をニニギに持たせて地上に降ろしたことが起源になっています。神様から授かった稲穂から稲作を広めて国が拓かれていったのです。いわば、お米は「神様からの贈り物」。だから、お米を食べることで神様とつながりやすい身体をつくることができるのは当然です。

神棚にお供えする順位も①お米、②日本酒、③塩、④水と、お米が最も優先されているのもうなずけます。優先順位2番目の日本酒も原料はお米ですから、神様と人間をつなげるのにお米はなくてはならない存在だとおわかりいただけると思います。

しかも古代米は、古代から日本でつくられていた品種ですから、より一層、神様から伝えられたお米に近い状態で身体に取り入れることができ、その効果はさらに大きくなります。

お米は日本人の心。当たり前に日本人で良かったと思えるご飯が、龍神の心もつかむようです。ちなみにお米で出来た日本酒も龍神とつながりやすい身体をつくることができます。

ただし、飲み過ぎには注意してくださいね。

COLUMN.9

龍神は「時の運」を運んでくれる

龍神は「時の運」を運んできてくれます。簡単に言うと、タイミングがものすごく良くなります。想像してみてください。街中でたくさんの人が行き交うなか、会いたかった友人に偶然会ったとか、求めていた物にバッタリ出会うとか。これは偶然ではなく、龍神が仕組んだこと。考えてみれば、1分1秒のタイミングを操ることは人間には不可能です。それができるのが「時の運」を運ぶ龍神の力。つねにベストのタイミングでさまざまな縁を紡ぎ出してくれます。

そんな「ベストタイミング」な出来事があったら、龍神に愛されている証拠です。そして龍神に「ありがとう」と言えば、小さな出来事から大きなことへどんどん発展していきます。でも驚かなくても大丈夫。龍神を信頼して、変化を受け入れてください。素直なあなたを、龍神は愛します。龍神に愛されている確信を持って、進んでください。その気持ちが龍神とあなたの絆を一層強めてくれるはずですよ。

命は時間。それを無駄にしない人に龍神は味方する

「おい。コイツはなにやってるのかね？」

「立っているだけじゃないかね？　時間は潰すもんじゃないがね！」

「あ、あっちで婆さんが転んだがね！　だれか気づくがね！」

ここは銀行。世間の給料日後とあって銀行内はすごい混雑だ。僕たちもＡＴＭの長い列に並んでいるわけだが、暇を持て余したガガが驚いたように次々と声を上げている（人間の暇潰しには文句言うくせに、自分が暇を持て余すのはいいのだそうだ）。

とはいえ、家でしゃべるようにはいかない。だからワカが小声でガガをなだめているというわけだ。

「ガガ、なんか言ってるの？」

興味深々。

「うんまあ、ゴニョゴニョ。う～ん、詳しくはあとでね」

ワカはそう言うと、僕から視線をそらした。そりゃそうだ。こんな人混みのなかでブツブツひとりで話していたら、他人から見たらただの変人である。いや、僕から見てもすでに変人だけど。

その後、窓口でもだいぶ待つことになったが、窓口はみんな新人らしく後ろから先輩らしい行

員が指導しながらやっているのでさらに効率が悪い。なにもこんなに混む日にすることないだろうと思わざるを得ない。銀行を出たときはもう1時間以上も経過していた。

「いや〜、時間かかったね」

大通り。ドーナツ屋、花屋、古い金物屋。日盛《ひざか》りの午後。東北の夏は駆け足だ。幸運の神様のように、あっという間に目の前を過ぎていく。夏は楽しむためにある。去年とは街の見え方が違う。

「ああもう、ガガがうるさくて大変だったわ！　ガーガーガーガー、まったくもう」

わかる気がする。

「ATMの近くに年配の行員が立ってたの覚えてる？」

「ああ、いたね。並ぶ人に『いらっしゃいませ〜』、出ていく人に『ありがとうございました〜』って言ってるだけの」

「そう。あのおじさん」

「あんな覇気のない声で言われてもねえ。たぶん振り込め詐欺とかを監視してるんだろうけど、ホントに監視できてんのって思ったよ」

僕はその行員を思い出していた。

「ガガがね、『こいつなにやってるのかね？』って聞くわけ。それを説明しても『暇は潰すな！』

『時間を無駄にするな！』って聞かないのよ、まったくもう」

「な～るほどね。でもそれが仕事なんだよな。ガガには理解できないかもしれないけど」

人間社会で生きるうえでは仕方ないこともある。しかし、ここでガガが割って入ってきた。

「おまえね、我が言うのはそういうことではないがね。別にそいつの仕事を批判したわけじゃないがね。ルールにのっとって生きることは大事なのも理解しとる。しかし、その時々の状況に応じて動くことが必要だろうが！」

「状況に応じて動くって言ってもさ、仕事でやってんだから勝手なことはできないじゃん」

ワカ、すかさず反抗。それは僕も同意見だ。しかし、そこでガガが呆れたように言った。

「おまえら、少しは成長したと思っとったがな。やっぱりバカなままだがね」

ガガはそう言うと「あ～あ」とため息をついた（ような気がした、あくまで僕の感じた雰囲気だ）。そして、

「いいかね。時間は命なのだよ。一秒一秒が命そのものなのだ。砂時計の砂と同じさ。時間は刻々と進む。どんなことをし

ても止めることはできん」

「それは……わかってます」

「ひとつの仕事をするのにも、『なんのためにやってるのか？』を見出さなきゃならんのだよ。多くの時間を仕事に費やしている人間ならなおさらだがね。おまえら、今日銀行に行ったよね。実に混んでいたが、あれはなぜだね？」

「それは簡単。給料日のあとだからですよ。みんなお金を下ろしにいくんです」

「その給料は仕事をして稼いだ金だろ？　その金は、その金を払ってくれる相手を喜ばせて得た報酬なのだよ」

「対価ってやつだよね、タダ働きなんてあり得ない」

口で言う割にはタダ働きするくせに。まあ、お金として返ってこなくても、大きななにかになって返ってくるんだけど。

「じゃあ、仕事をするときになにを考えるべきか、わかるだろ？　なにに対しての対価かわかるだろ？」

わ、わからない。仕事って、自己満足じゃないのか？　ビルの谷間を行き交う人々。大人、子供。男に女。ビジネスマンに外国人。散歩中の犬。どこからか聴こえる風鈴の音……。

「わからんのかね？」

「す、すみません。答えが出ないです」

僕は素直にそう言った。

「私も。仕事って自分のためだから自分が満足すればいいと思ってた」

ワカも同じに思ってたみたいでちょっとホッとする。オレって小さい。だれかと一緒だと安心するなんて。

「ほう、負けを認めるなんて素直じゃないか。ではおまえら、あそこで沈んだ顔して突っ立ってたヤツを見てどう思ったね？」

「いい感じはしませんよね」

「あれ見て、うれしかったかね？」

「は？　なに言ってんの、ガガ。あんな暗い顔したオッサン見てうれしいわけないでしょうが」

「じゃあ、おまえがそのオッサンならどうするね？」

ガガがワカに振った。ワカは根っからのエンターテイナーである。客商売が長かったからとにかくサービス精神が旺盛だ。

「そりゃ、なにか困った人がいないか目を光らせるでしょ。それに困った人が声かけやすい空気をつくる。なんのためにそこにいんのよ」

ははあ、わかった。ガガがなにを言いたいのか。

「ガガさんガガさん。答えはこうです。仕事とは相手を喜ばせることである！」

ぱんぱかぱーん。やったぜ、オレ。

「やるじゃないか。さよう、仕事とは相手を喜ばせることなのだよ。さっきのオッサンはつまり、仕事を果たせていない。頼られる義務を果たしていないのだ。言われたことだけやればいいってのじゃダメなのだよ。相手の期待以上のパフォーマンスをしようという気持ちがなにより大事なのだ」

「期待に応えようという相手のことを考える気持ちですね」

「面倒だから言われたことだけすればいい。そして心が止まったまんま何年も何十年も過ぎていく。命を無駄にしとるだけだ。これでは龍神も神様も食える魂がなくなるはずだがね」

「う〜ん。妙に納得」

ワカが腑に落ちたように言った。

「まあ、その人間がそれで満足ならいいのだ。人の満足に口出すような野暮なことは言わんがね。今日会ったオッサンだってそれで満足しているのならな。でもきっと満足しとらんだろ？」

「あきらかにそんな感じでしたね」

「なんでこんなことしなきゃならねーんだっていう空気が身体からにじみ出ておったがね」

「う〜ん。たしかに『言われたから』『仕方ないから』って仕事してる人も多いでしょうね。でも、仕事ってそういうものだって僕らも思っていました、はい」

龍神の教え㉘

仕事とは相手を喜ばせること。相手を満足させる自分に満足する気持ちが龍神を引き寄せる。

あなたの気持ちはどこにある？　伝えることから始めたまえ

「日本人はよく使うだろ『もったいない』って。まさにそれだがね。そして、そういうヤツらは得てして自分の本当の願いがわかってないことが多い、実にな」

「どういうことですか？」

言葉の意味が理解できない。だれだって願いのひとつやふたつはあるはずだ。だから神社に行くと一生懸命願い事を言う。

「おまえらのことをずっと見ていて、ひとつわかったことがある」

「それは？」

「みんな、おまえらに聞く。『私は一体どうしたらいいのか？』となし

「でも、どうすればいいかわからないから相談するんじゃないですか？」

「いいかね。なにかをしたいと思ったときにその根底にあるのは、『どうしたらいいか？』ではなく『どうしたいか？』だろう？　まず自分がどうしたいかが大事なのだよ」

「ああ、たしかに。僕たち『どうすればいいですか？』って相談されたら、『あなたはどうしたいの？』って問います。その人がどうなりたいのかがわからなければ、僕たちもアドバイスできません」

「我はほかの龍神や神社の神様に聞いたのだよ。最近は人間がなにを望んでいるかがわからんとみんな言っとるのだ」

「でもさー、神社の神様なら参拝しに来る人がいっぱいいて、いつも願いを聞いてるんじゃないの？」

ワカが言った。当然の疑問である。願い事をされれば、それがその人の願いだと考える。神様にお願いをするときに嘘をつく人はいないだろうし。

「神社で人間がお願いするときに『宝くじ1億円当選』『出世したい』『恋人が欲しい』『結婚したい』など、いろいろなお願いがあるらしいがね。だがそれは本当にその人が望んでいる願いだ

と思うかね？」

「望んでるんじゃないの？　私だって宝くじ1億円当てたいもん」

「1億円くれくれ！」というようなキラキラした目でワカが言った。

「僕も欲しい！」

だれだって欲しいだろ、うん。

「おまえらがそんなこと言ってもダメだがね。神様はね、その人の心の奥にある本当の願いが聞きたいのだよ」

「心の奥にある？　潜在意識みたいなものですか？」

「違うがね。例えばAさんが宝くじで1億円欲しいと願ったとしよう。そして、『なぜ1億円が欲しいのか？』を自分にいま一度問いかけてみるのだ。例えば」

ガガの説明はこうだ。

なぜ1億円が欲しいのか？
Aさん「世界一周旅行がしたいから」
なぜ世界一周旅行がしたいのか？
Aさん「いろんな国でいろんな出会いが欲しいから」

なぜいろんな出会いが欲しいのか？
Aさん「たくさんの人と出会って人生を色濃くしたいから」
なぜ人生を色濃くしたいのか？
Aさん「いまの人生がなんだか寂しいから」
なぜ寂しいのか？
Aさん「友達がいないから」

「これで、Aさんの本当の願いは『友達が欲しい』いうことがわかるだろ？」

「なるほどね、わかりやすい」

「つまり、Aさんが本当に望んでいたのは宝くじで1億円を手にすることではなく、寂しいから友達が欲しいことだったのだよ。その最後の答えを素直に神様に伝えればいいがね。本当の願いを伝えるとはそういうことだ。本当の願いほど龍神は神様に運びやすくなる。神様も叶えるために働きかけてくれるのさ」

僕は驚愕していた。

「いや、ガガさん。実はこれ……」

この「なぜ？」「なぜ？」と問いかけていく手法は、かつて僕がモノづくりの現場で実践してきたこととまったく同じだったのだ。

これは「なぜなぜ分析」とも呼ばれ、トヨタ自動車が生産管理において問題点の核心を探る手法として導入したものだ。ミスが起きると、なぜミスをしたのかを「なぜ？」「なぜ？」と繰り返すことで本当の原因を探り出す。大体5回繰り返せば核心に辿りつけるといわれている。まさかそれが神社でのお願い事をするときにも活用できるなんて……。

龍神の教え㉙

「なぜ?」「なぜ?」と心に問いかけよう。本当の願いが見つかれば、神様もそれを叶えてくれる。

金の話はタブーじゃない。欲がなきゃ成長も止まる

「あとはより具体的にお願いすることだ。よく『幸せになりたい』って言うヤツおるだろ。でも、幸せの定義は人それぞれだがね。毎日3食のメシが食えれば十分幸せな人間もおれば、地位

を手に入れること、歌手になる夢を叶えることが幸せな人間もおる。１００人いれば１００通りの幸せが存在する。自分にとっての幸せとはなにか？　それを具体的に知って伝えることから始まるのさ。でないと、我々龍神だって神社の神様だってフルに働けんからね」

「よぉし！　じゃあ、私も『なぜなぜ分析』で心の底にある具体的な願い事を掘り当てるか！でっかい願いを叶えてもらおう！」

「でも、あんまり大それた願いだとダメなんじゃないの？」

僕は疑問を口にした。

「なぜだね？」

「ほら、欲深いとバチが当たるって言うし。あんまり欲張らないほうが叶いやすかったりするんじゃないですか？」

日本人は得てして謙虚。昔ばなしでも強欲なおじいさんは最後にバチが当たるのがお決まりだ。

「願い事に制限などない。昔話でバチが当たるってのは、最後、自分のことしか考えなくなって他人を傷つけるようなヤツ。あれは強欲だからではなく、他人をおとしめたからだがね」

「じゃあ、どんなことでも願っていいんですか？」

「当然だがね。それに欲がなければ成長も止まってしまうがね。人間は欲があるから努力するものだろ」

「じゃあお金のことを願っても？」

「当然いいがね。むしろ自分で制限をかけて願い事を小さくされたのじゃあ、神様も『コイツは叶えたくないのか？』と勘ぐってしまうのだ」

「じゃあ、心で願ったことを素直に伝えていいんですね」

「さよう。願い事はどんどんすればいいがね。我々だって、人間がなにを望んでいるのか、わかったほうが助かる。その願いを叶えて喜んでくれれば、我々もおいしい魂を食えるがね」

「でもさー」

ワカが口を挟んできた。

「よく、『神社は感謝する場所で願い事をする場所じゃありません』なんてことも聞くんだけど、本当のところどうなの？」

「あー、僕も聞いたことある」

「それは普段、感謝せんヤツが多くなってきたからだろう。願い事をする前に感謝の気持ちがあるのは当然だがね。しかし、初詣とかにやってきてはただ要求だけして帰るヤツが増えてきた」

「あー、そういうことか」

「日本の行事にはすべて感謝の気持ちが込められておるがね。正月は新しい年を運んでくる神様への感謝。春のひな祭りは桃の神様へ感謝。夏にはご先祖様に感謝し、秋には収穫に感謝する。

日本人にとって『感謝』というのはあって当たり前のことだったのだ」

「でもいま、感謝の気持ちがなくなってるわけだ」

「だから改めて『感謝しましょう』と言っているに過ぎん。それさえあれば、いくらでも神様に願い事をして構わんがね」

「やったー。じゃあ遠慮なくお願いしよう」

と言ってワカはコンビニに入っていく。

「バカにできないコンビニコーヒー♪」

「あ、僕も欲しい。ドーナツも買っちゃお」

「おまえらの願いは単純でいいがね。しかも自分たちで叶えとるし」

「どんな願いでも願いは願いじゃない？　それに自分で叶えて、うれしいって思う癖を身につければ、願いが叶いやすい体質にならない？」

「願いは自分が行動して叶えるものだ。我々はその道を整えてやることはできるが、その道を進むのは人間自身。おまえはさすがだな、そのことを本能的にわかっておるがね」

そこまで言うとガガは声をさらに高めた。

「しかし、一体なぜコーヒーなんだがね？　人間はお茶するって言ってなぜコーヒー飲むのだ。そもそもコーヒーはどんな」

「ガガさん！　そのネタ、しつこいです」

またかよ！　僕は思わずツッコミを入れた。

「おまえ、龍神はしつこいのだよ。覚悟したまえ」

「龍神っていうか、『ガガは』でしょ。ほんとしつこい」

ワカがアイスコーヒーをおいしそうに飲みながらクールに言い放った……。はい、氷が多すぎたようで（笑）。

龍神の教え㉚

願いは自分で行動して叶えるもので、龍神はその道を整えてくれる存在。感謝の心があれば、どんどん願い事をすればいい。

この本を読み終えたとき、あなたのそばにはきっと龍神がいます

この本をここまで読んでくれたあなた。あなたのそばにはすでに龍神がいます。これは断言で

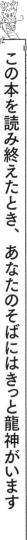

きます。え、なぜかって？　だってこの本を読んでいるあいだ、あなたの意識や関心は龍神に向いていたからです。すでに複数の龍神が、我先にとあなたの魂を食おうと取り囲んでいる可能性だってあります。あとはあなたがこの本で読んだことを実践してくれれば、確実にあなたの魂は龍神の栄養となり、どんどん願いが叶い始めます。

たったこれだけで？　と思わないでください。本当にこれだけなんです。多くの人に龍神が付かないのは「そう簡単に龍神が付くわけがない」「もっとなにかをしなきゃいけない」という思いが強いからです。特別な人しか龍神は付かないと思ってませんか？

龍神はうじゃうじゃいるとガガが言っていましたが、事実、龍神は人間をはるかに超える数がいます。だから安心してください。あなたに合う龍神は必ずいます。だれにも付けない龍神が溢れているんですから。あなたは幸運をいつでも手にすることができるんです。

でも、なにから始めればいいのかわからない、龍神が本当に付いているか実感が欲しい、という方はまずは神社へ行ってください。僕たちも神社へ導かれたところからすべては始まりました。神社は神様界と人間界をつなぐ面会所です。境内で五感を研ぎ澄ませてみてください。そよいでくる風、運ばれてくる甘い香り、揺れる紙垂《しで》、境内に響き渡る音、注いでくる光、照らされる風景……。それがすべて神様や龍神からのメッセージです。本当です。

そのメッセージに気づいたときから、もう龍神はあなたの味方です。これから起きることは、すべてあなたの願いを叶えるために龍神が仕組んでくれたことだと思って構いません。一見、理不尽な出来事に感じることでもです。僕もそうでしたから。ある日、電車に乗り遅れそうなときにおばあさんに道を尋ねられ、「あーくそ、なんでこんなときに」と思ったことがありました。結果的に電車を1本遅らせることに。ところが1本遅らせた電車で旧友と再会したのです。その人の紹介が大きな仕事に結び付きました。もしあのとき、「こんな忙しいときに！」とおばあさんを無視していたら、旧友と会うことはなかったでしょう。

これが龍神が運んでくれた「時の運」でした。理不尽に思えるトラブルに直面したときも、必ず意味があると信じて「ありがとう。これで夢が叶う」という気持ちを持ちましょう。龍神は信じてくれる人は絶対に裏切りません。だって、ガガに暴言を吐いた僕でさえも救ってくれるとっても優しい神様なんですから。

龍神ガガと出会って変わったこと

東北の夏はあっという間だ。涼しい風も吹いてきたころ、ガガが現れて半年になろうとしていた。ガガは言った。

「おまえらを徹底的に鍛えるがね」と。
僕たちのなにが変わったのだろうか？　運の底上げ？　いや、それよりも……。
たしかに僕たちは変わった。それは周りが変わったのか？　自分自身の気持ちが変わったのか？　明確にはわからないが明らかに違うことがひとつある。

「後悔することが減った」

以前、黒龍に言われたことがあった。

「人生をゲームに例えてみましょう。ゴールに向かうためにはいろんな障害物が出てきます。それを越えなければ前には進めません。先に行けないのです。これはどの世界も一緒です。ゴールするには障害物を越えなければいけない、最初は小さいもの、時には大きなものが出てきます。その障害物が、そのプレイヤーにとってどのような意味を持つのかは人それぞれです。でも、ゲームをクリアしたければ越えていかなければ、その意味も決してわかりません」

僕はゲームのプレイヤーを自分に置き換えてみた。トラブルを超えるためには行動しなければいけない。そして解決するたびに僕はひとつ成長している。障害物を越えたり各ステージをクリアすれば、経験値とか能力が与えられたりする。もしかしたら人生も同じかもしれない。

子供のころ、ドラゴンクエストというゲームに夢中になった。主人公は敵のモンスターを倒すごとに強くなっていく。最初の段階では絶対に倒せなかった強いモンスターさえも、課題をクリアすることでレベルを上げたプレイヤーが、いつの間にか倒せるようになっていく。経験のなかで仲間も増え、自分のできないことを助けてくれる。

それはまるで、僕がガガと出会ってから経験していることと同じだった。

龍神は僕に成長する課題を与えてはクリアさせて、願いを叶えるための成長を促してくれた。それもスムーズに。気づけば僕はそれに見合うだけの力を手にすることができた。そして絶妙のタイミングを見計らって願いを実現させてくれるのだ。しかも次々に。

それを理解したとたん、物事がどんどんスムーズに流れだした。すべての出来事に龍神の意図があると信じてその流れに乗った。すると願いはどんどん叶っていくのだ。

僕は会社を辞めてから、なかなか自分のやることを収入に結び付けられなかった。

そんなあるとき、僕は詐欺に引っかかりそうになった。幸い気づくのが早く、すぐに対処ができた。それだけ見ればただの厄介事でしかない。

しかし、1週間後に友達から同じようなトラブルの相談を受けたのだ。僕はすぐに自分の経験を生かして解決してあげることができた。すると友達はとても喜んでくれて、僕たちの勉強会にそのまた友達を誘って来てくれた。そして内容に感動してくれて、そこからどんどん参加者が増えていったのだ。

あるときは、「古事記の話をするのにイラストがあるとわかりやすいよね。だれか、イラスト描ける人に出会いたいな」と願ったら、次の勉強会にイラストレーターが参加してくれた。すぐにかわいいイラストを描いてくれた。

ひとつ課題をクリアして成長したことで友達を喜ばせ、顧客が増え、必要としていた仲間が増えた。

こうして僕たち夫婦の考えや活動に共感してくれる仲間がどんどん増え、仲間を集めてホテルでのパーティまで開けてしまった。3年後の目標がたった1年で叶ったのだ。

とどこおっていた問題が次々に解決し、願いがするすると叶っていく。

よく、引き寄せ本とかに「オーダーに制限はない」なんて書かれているが、まさにその通り。龍神にも神様にも制限がないのだ。そしてその願いが叶うと「他人が喜ぶ」「親が喜ぶ」という他者の幸せにもつながるものなら、なおさらその実現への後押しは強くなる。おかげで僕たちが初めて企画したパーティにも関わらず大成功させることができ、みんなから「次はいつやるの？」という問い合わせが絶えないほどだ。それだけみんなに喜んでもらえたことがなによりうれしい。

個人的な願いもあった。講演の依頼があったのだ。それは、元々僕が興味を持って調べていたことで、いつかどこかで話をしたいという夢を持っていたが、実現することなく、もう1年以上も経っていた。ところがガガと出会って間もなくのこと。ある宴会の席でその話をしたら、その人がある会社の責任者で「社員の自己啓発のためにぜひ講話をしてほしい」と言われたのだ。話はトントン拍子に運び、1カ月後には僕は100人以上の前でマイクを握っていた。

そうやってガガと出会って教えを実行するうちに願いがひとつ、またひとつと叶っていった。龍神の教えを広めようと企画した勉強会や個人セッションに、来てくれる人も収入も順調に増えている。会社を辞めてから暗中模索を続けてずっとどこおっていたのが嘘のように。


人の願いはさまざまだが、僕たちの話を聞いて龍神が付いてくれた仲間はそれぞれに願いが叶っている。

結婚が実現した人。仕事が増えた人。新しい家に引っ越せた人。事業を始めるのにスポンサーが現れた人……。数えだしたらきりがないくらい。

そう、龍神は人それぞれの願いをサポートしてくれる。恋愛も仕事も家庭も、そしてお金だって。

でも、一番驚いたのはワカのことだった。

実は、ワカは子供のころから血液異常で血小板が異常に少ないという体質だった。それが僕と結婚して2年目には白血球にまで異常が生じ、医者からも、

「いつ白血病になってもおかしくない」

と警告を受けていた。しかも先天的なものらしく、画期的な治療もないという。だから定期的に血液検査をしながら注意するしかなかった。それが、ガガの教えを実行し始めてから半年ほど経ったころ、ワカはいつものように病院に血液検査の結果を聞きにいった。そして、首をかしげながら帰ってきた。

「お帰り。どうだった?」

するとワカの口から意外な言葉が飛び出したのだ。

「満点だって。素晴らしい数値です、今後もいまの生活を続けてください。だって」

「いや。そうじゃなく、今回の白血球の数値はどうだったの?」

「だから満点だって。まったく問題ないって」

「え?」

検査結果の紙を見ると、血小板と白血球の数字を確認した。下限値を下回っていることを表す「L」や異常を示す「※」がどこにも見当たらない。

「異常ないってこと？」

「そうみたい。なんか私、健康になっちゃった」

ワカはおどけて言った。

僕の一番の願い、それは妻ワカと一緒に楽しい生活を続けること。そのためにはワカには健康でいてほしい。ただそれだけだった。

龍神は人間の細胞にエネルギーを与えて若返らせてくれるという。実際に僕も髪の毛や爪が伸びるのが早くなったのを実感した。その奇跡がワカの身体を活性化させ、健康にしてくれたのに違いない。


もちろん妻はいまも定期的に病院で検査は受けているが結果は良好。僕は以前から、いつワカがお世話になるかもしれないとよく献血に足を運んでいるのだが、ついには、

「私も献血に行きたい」

と言いだしたくらい健康になった。

僕たちのあいだに子供はいない。でも、僕たちのこんな経験を多くの人が知ってくれて同じように幸せを享受する魂が増えたら、それは僕たちのＤＮＡが受け継がれたことと同じだ。そう思ってふたりで龍神の話を広げる毎日を過ごしている。

そして、

「この方法ならだれでもできるんじゃないか？　だって龍神の声を直に聞くこともできない僕にだってできたんだから」

素直にそう思ったのだ。


「おい、タカや！」

「はい。なんでしょう？」

僕が感慨にふけっているときでもお構いなしに声をかけてくるガガは健在だ。

「服を着たいがね」

「は？　ふ……服……ですか？」

「人間はいいね。いろんな服を着れて。おまえ、我の服を用意するがね」

「龍神は服をつくっても着れないでしょ。大体どうやって採寸すんのよ」

さすがワカ、もっともなご意見。

「着れないんじゃ用意できませんよ～」

最近のガガの要求はほとんどイチャモンに近い。

「それでもなんとかするがね」

「じゃあ、想像すればいいですよね。だって人間の祈りの力で龍神は生まれるのであれば、それで服もできるんじゃ？」

我ながらナイスアイディアである。

「そりゃ悪くないがね」

ガガも賛同。

「じゃあ。そうですね～。かわいいピンクなんていかがでしょう？」

「それ、どんな色だね？」

「桃色です。桃の色。ほら、これこれ」

僕は近くにあったピンク色の容器を手にした。

「それは我のイメージじゃないがね！」

「なんか黒龍はピンクが好きらしいけど」

ワカが言った。まさかの服論争に黒龍、参戦！。

「黒い龍神がピンクの服着てるのってかわいいかも（笑）。じゃあ、ガガさんは何色にしましょうか？」

僕は黒龍がピンクの服を着ている姿を想像して思わず笑った。

「ガガは白龍で白いから……いっそダークな黒とかよくない？」

ワカが言った。僕はそれを想像しながら……

「なんかシマウマみたいになるね」

「もしくはお葬式の鯨幕《くじらまく》みたいな。ウケる！」

「おい！　我で遊ぶんじゃないがね」

「だってガガが言いだしたんじゃん」

ワカのご意見、至極もっとも。

この龍神ガガの教えを実践して、あなただけの龍神が皆さんの元に来てくれるとしたら、一体どんな龍神様でしょうか？

そのときのために龍神様の「名前」を決めておきましょう。

それが龍神様を受け入れるひとつの空間づくりにもなるのですから。

でもね、その龍神様がガガのような傍若無人でハチャメチャな性格でないことをお祈りしています（笑）。

え？　いまもガガや黒龍は一緒にいるのかって？　もちろんいますよ。なんてったって、ガガはワカの魂を食いたくて前世からストーカーしているくらいですから。しかも最近では……、

「なんか黒いのが増えてんだけど……」

「はぁ？　黒いのってなに？」

「黒龍の小さいのがいっぱいいるんだよね」

「タカが黒龍を崖っぷちから救い出したからな、『俺もまだ大丈夫かも』って落ちこぼれの龍神がおまえのところに集まってきたんだがね。こんなに隠れておったとは我も驚きだがね。おまえ、責任持って龍神を救うがね！」

落ちこぼれの龍神って……。頑張って龍神の栄養になる魂になればどんどんビッグな龍神がやってきて幸運が訪れると期待してたのに！

うぅ……。やはり器の小さい僕。

「じゃあ、私は彼らの先輩ですね」

黒龍はちょっと誇らしげに言った。

「ま、タカはこれまで私やガガに苦労かけてきたんだから、仕方ないね。いっぱい龍神を救って龍神界に貢献することね」

「おまえは、我に出ていけと言ったがね。このくらいは当然だがね」

それを言われると立つ瀬がない……。

「ふん。なら、黒龍がガガを超える偉大な龍神様になるほどのおいしい魂になって見返してやるから、見とけよっ！」

そう言い放つ僕の横で黒龍は、小さな黒い龍神たちを後ろに並ばせて満足げ……らしい。

相変わらず僕には龍神の姿は見えないし、声も聞こえない。でも雰囲気は伝わってくるようになってきた。僕にもガガや黒龍の声が聞けるように、もっともっと頑張っていこう。

続、龍神修行だ！

あとがき

　そんなわけで、あれから1年。僕たちは、龍神ガガの教えに従ってものすごく成長することができました。ワカの身体も良くなりました。物事が本当にスムーズに進むようになったのです。

　ならば、この話をぜひ多くの人に聞いてほしい、知ってほしいと思ったんです。だって、これはだれにでもできることなんですから。

「運が良い」とは、言葉を変えると「いかに神様に愛されているか」ということ。神様に好かれると、望んだことを実現するのに必要な「人」「もの」を最適なタイミングで結んでくれます。あとはそれを信じて準備しておくだけ。結婚がしたい人なら相手ができたときに慌てないような準備を、偉くなりたい人は部下ができたときに恥をかかないようにマネジメントの勉強をするとかです。ですからこの本では、いかに神様に好かれる体質になるか、そのコツを書きました。

　しかも神社の神様も龍神も、ぜひ本にして多くの人に知ってほしいと言っています。

もちろんガガも、

「まあ、我が有名になってしまうのは仕方ないがね。我は格の高い白龍だからね」

と、まんざらでもなさそうです。

そしてガガの教えを学ぶうちに気づいたことがありました。いかに日本人が神様や龍神の存在を理解していたか。その霊性の高さに驚いたのです。

日本では「八百万の神」と言いますよね。これはすべてのものに神様が宿る、ということです。物だけでなく、人間のひとつひとつの行動にさえ、です。すると、自然に見えないものへの感謝の気持ちが生まれます。これこそ、ガガの教えそのものなんです。

日本には四季折々の行事が数多くあります。その多くが神様への感謝の気持ちを表したものです。龍神もそんな日本人の心に引き寄せられてきたのです。実際、ガガも「世界でも日本人の霊性の高さは抜きん出ておるがね」とはっきり言っています。

だからこそ、神社の神様の元へまずは足を運んでほしいのです。そして多くの人に龍神に付いてもらい、願いを実現してくれたら僕たちもこんなにうれしいことはありません。

本書出版にあたっては、龍神の活躍によって結ばれたたくさんの方々に大変なご尽力をいただきました。

なかでも、一凛堂の稲垣麻由美様には記述内容の入念なチェックに加え、文章の書き方のルールに至るまで細かくご指導いただきました。そのお陰で本の内容にも厚みが増しているのを感じることができました。

ここに厚く御礼申し上げます。

2017年3月　小野寺S一貴

東邦出版のスピリチュアル本

日本のほとけさまに甘える

～たよれる身近な17仏～

人生の春夏秋冬、例えば受験、結婚、就職、老い、病といった節目や岐路に立ったときは、その分野を得意とする仏様たちにお願いしてみよう。

大江吉秀／文　田中ひろみ／絵
定価（本体1,500円+税）

日本の神様と楽しく生きる

—日々ご利益とともに—

縁結びの神様、トイレの神様など、様々な「○○の神様」。その正体と、ご利益に繋がる暮らしの中の行事や風習を紹介！

平藤喜久子／著
定価（本体1,500円+税）

天国からの「愛」のメッセージ

愛する子ども、ペット、伴侶、父、母……先立った魂から届いた、あなたへのメッセージをお伝えします。見つめるだけで心晴れわたる、不思議な「光の写真」68枚とともに。

Chie／著
定価（本体1,000円+税）

神様とメル友になれる本

必要なのはスマホだけ。親友を超える「神友」の作り方がわかります。

田中小梅／著
定価（本体1,389円+税）

◉小野寺S一貴（おのでら えす かずたか）

1974年8月29日、宮城県気仙沼市生まれ。ソニーの関連会社でエンジニアとして活躍したのち、2015年9月に「TEAM 梵」を設立。龍神様の声を聞きながら神様と人間の関係をひもとくべく、講演会や勉強会、神社参拝ツアーなどのイベントを広く開催。神様に対する理解向上を目指して多くの仲間と奮闘中。

妻に龍《りゅう》が付きまして…

2017年4月5日　初　版第1刷発行
2017年6月7日　第3版第6刷発行

著　者　小野寺S一貴
発行人　保川敏克
発行所　東邦出版株式会社
〒169-0051
東京都新宿区西早稲田3-30-16
http://www.toho-pub.com
印刷・製本　中央精版印刷株式会社
（本文用紙／ラフクリーム琥珀四六判66.5kg）